Kaye Hoffman – Franz Redl

TAO DES FEIERNS

Die Feste der Fünf Wandlungsstufen

holibri-verlag

Impressum:

Kolibri Verlags GmbH, Norderstedt, 1993
D-2000 Norderstedt
Fotografien: Lioba Winterhalder
Textbearbeitung und Comics: Helga Leithner
Kalligraphien: Chau Pang-Kui
Pinselzeichnungen: Kaye Hoffman
Gesamtherstellung: PMS Print & Media Service Hamburg GmbH
ISBN: 3-928288-08-3

INHALTSVERZEICHNIS

ERINNERN

Wir erinnern uns an Zeiten, in denen wir uns ganz besonders voller Lebenskraft fühlten. Was auch immer der Grund für einen derartigen Augenblick sein mag, er ist erfüllt von dem plötzlichen Gefühl praller Vitalität, und wir wissen, daß sich alle Elemente in völliger Harmonie befinden.

Tarthang Tulku

PULSIEREN

Die Luft pulsiert vor Leben. Unser Körper fühlt sich gesund und voller Energien, unser Geist ist klar und zuversichtlich. Jede Eigenschaft unserer Umgebung tut unseren Sinnen wohl: Farben sind ganz besonders leuchtend, Töne sind melodisch und Gerüche würzig. Alle Aspekte unserer Wahrnehmung mischen sich in völliger Harmonie und alles scheint von innen heraus zu pulsieren.

Tarthang Tulku

WEIT UND OFFEN, ALLES ANGEMESSEN

Alle Aspekte unserer Wahrnehmung mischen sich in völliger Harmonie. Die übliche Trennung zwischen Innen und Außen wird weich und durchlässig. Nichts ist starr, wir fühlen uns weit und offen. Alle unsere Tätigkeiten fallen uns leicht und sind der jeweiligen Situation angemessen.

Tarthang Tulku

GLEICHGEWICHT

Durch Entspannung entdecken wir eine ganz neue Art des Daseins, eine Offenheit der Wahrnehmung, in der wir die Integration von Körper, Geist, Sinnen, Gefühlen und Umwelt genießen. Wir lernen, die umfassende und ganzheitliche Qualität einer lebendigen Erfahrung zu genießen. Der Kern dieser Erfahrung von etwas, was wir im allgemeinen als Glück bezeichnen, ist das Gleichgewicht.

Tarthang Tulku

ZUNEHMENDE TIEFE

Unsere körperlichen und geistigen Energien erfrischen sich und werden so ruhig und so klar wie ein Waldteich. Wir entdecken eine Gefühlsqualität, die Körper, Atem und Geist gemeinsam ist - Ruhe, Klarheit und zunehmende Tiefe - die uns tief in unserem Inneren besänftigt und heilsam behandelt.

Tarthang Tulku

ENTSPANNUNG: ÖFFNUNG EINER LINSE

Wenn wir uns noch weiter entspannen, dann öffnet sich die subtile Ebene des Gefühls von Ruhe, Tiefe und Klarheit wie eine Linse. Die Linse läßt mehr Licht und Energie herein und erzeugt umfassendere Bilder von der Wirklichkeit.

Tarthang Tulku

DIE SÜSSE DER ERFAHRUNG

Die Süße der Erfahrung, unsere Sinne ausgiebig zu kosten, ist eine Erfahrung, die wir täglich immer weiter und immer mehr ausdehnen können. Ohne zu versuchen, sie zu besitzen, ohne irgendein festes Ziel zu haben, fast ohne darauf zu achten, lassen wir die freudigen Empfindungen entstehen und öffnen unseren Körper ihrem sanften Einfluß. Ihre Qualität, die so süß wie Milch und Honig ist, berührt uns tief.

Tarthang Tulku

ERFÜLLTSEIN

Tiefe Berührung setzt sich allmählich immer weiter fort und erneuert sich immer stärker werdend, bis wir schließlich ein nahezu überwältigendes Gefühl des Erfülltseins genießen.

Tarthang Tulku

NACH INNEN GEHEN

Wenn das Ich auf der Suche nach äußeren Erlebnissen ist, nimmt der Energiefluß im Kopf zu und im Herzen ab. In diesem Zustand kommt es zu emotionalen Extremen und Unausgeglichenheiten, zu hochgespannten Emotionen wie Wut und Haß, oder zu schweren Depressionen und Mangel an Energie. Ehe der Energiefluß nicht gleichmäßig auf die Energiezentren verteilt worden ist, können wir nicht richtig mit unseren Sinnen in Berührung kommen oder mit unseren echten Gefühlen in Verbindung treten. Es geht darum, die Gewohnheitsmuster von Unruhe und Suche nach Äußerlichkeiten aufzuheben und zurückzukehren zur direkten Erfahrung des Jetzt. - Was ist jetzt?

Tarthang Tulku

DAS UNIVERSUM IST EIN ANGENEHMER LEBENSRAUM

Weil sowohl die äußeren wie die inneren Energien aus dem gleichen Atem stammen, wird sich mit der Veränderung unserer inneren Welt unsere Beziehung zur äußeren Welt wandeln, und das Universum wird zu einem angenehmeren Lebensraum werden. Bist du dir deines Atems bewußt, wird dein ganzes Leben ausgeglichen sein. Es ist so, als ob die äußere Welt der Objekte und unsere innere Welt der Sinneswahrnehmungen - unser Bewußtsein - miteinander verschmelzen. Wir tragen die Welt, und die Welt trägt uns und unsere Sinne.

Tarthang Tulku

UNAUFHÖRLICHE VERKÖRPERUNG

Wir erleben uns als Prozeß unaufhörlicher Verkörperung, der sich in jedem Augenblick als physische Einheit manifestiert und die Fähigkeiten besitzt, sich ständig zu wandeln und zu erneuern. Sobald wir erkennen, daß der Körper keine physikalische Maschine ist, sondern die Verkörperung von Werten und Wirkungen, lernen wir eine Seinsweise kennen, die jenseits von der üblichen Polarität Sein und Nichtsein liegt.

Tarthang Tulku

Vorwort

Tao - ein Modewort. Es gibt mittlerweile alle möglichen Taos. Das Tao der Liebe, der Politik, des Managements, bald wahrscheinlich des Essens, Trinkens. Warum also nicht auch des Feierns?

Dies ist nun schon das zweite Buch, daß die Autoren mit Tao betiteln. Das Tao hat es in sich - einmal damit begonnen, scheint man nicht so schnell davon loszukommen. Tao der Weg, die Wandlung, das große Runde, das Umfassende, die Mutter, Matrix ... Die westlichen Definitionen lassen sich ad infinitum fortsetzen, so lange der Vorrat an Definitionen reicht. Aber, das ist es eben, das Tao läßt sich nicht definieren, per definitionem ist es das Grenzenlose, das doch alle Grenzen in sich vereint. Kann es da ein richtiges und ein falsches Tao geben? Liniengetreue Fanatiker wollen uns das glauben machen. Aber die Linie des Tao bleibt sich selbst treu und schließt sich zu einem Kreis. Tao, die willkommene Metapher für jene Ganzheit, die im Zuge holistisch-ganzheitlichen Denkens immer wieder beschworen wird. Wenn aber die Ganzheit abstrakt bleibt, bleibt sie beliebig, verkommt sie zu einem vagen Begriff, einer Worthülse: Eigentlich wären wir da bei der Totalität, von der seit den Tagen totalitärer Politik niemand mehr gerne sprechen mag. Die Ganzheit muß also sinnlich erfahren werden.

Die Autoren haben in ihrer praktischen Arbeit genau dies versucht. Anhand der sehr sinnlichen Arbeit und des sehr konkreten bildhaften Systems der Fünf Elemente aus der chinesischen Philosophie und Medizin haben sie ein therapeutisches Modell entwickelt, daß Diagnose, Prophylaxe und Spaß erlaubt.

Gewiß: Diesem Modell unterliegt ein fremdes System, aus einer fremden Kultur, mit fremden Zuordnungen, die begreiflicherweise zunächst befremden. Hätten wir nicht etwas Näherliegenderes auch in unserer Kultur finden können, um unser systemtherapeutisches Modell auf eine Ausgangsbasis des Bekannten und Vertrauten aufzubauen? Nun, es hat sich nichts dergleichen gefunden und - ehrlich gesagt - wir haben auch nicht besonders danach gesucht. Zu verführerisch war das Angebot des Wortes Tao, das nicht - dualistisches Denken erlaubt und Fragen von Schuld und Vergebung auf die nüchtern-pragmatische Ebene von trial and error reduziert. Das kam uns entgegen, denn wir wollten ja keine neue Theologie oder Psychologie konstruieren, sondern einfach den Rahmen für ungewöhnliche Experimente setzen. Und das - so schien es uns, ist Anlaß zum Feiern genug. Das Feiern selbst ist eine hierzulande noch wenig bekannte Disziplin. Sie beinhaltet die Anstrengung und Überwindung, nicht nur etwas Spezifisches und dies aus gutem Grunde, sondern das ganze Leben und alles Lebendige in uns anzuerkennen, zu erhöhen, zu zelebrieren. Dadurch geraten wir in eine Bewußtseinslage, die leicht über den Dingen, den Notwendigkeiten und Sachzwängen steht und Überblick hat über das ganze Panorama unseres Daseins. Dadurch wird ein Blick für das Wesentliche geschaffen - ob es nun für den einen mehr in der Tiefe, oder für den anderen mehr in der Mitte angesiedelt ist. Wie auch immer, es gibt es, - das Wesentliche und wir können es sofort erfahren, wenn wir zu spielen beginnen.

Jetzt.

TAO, DER WEG, DIE WANDLUNG

Zu suchen den Meister, das Tao,
Wie bitter das Streben,
Unfrei ist der Geist.
Verbanne endloses Gerede um Mystik -
Dann, an des Berges Spitze,
Geht der Mond hell auf.

(Li Feng, zu dem Motto Lao Tzus Worte:
"Verbannt die Weisen, weg mit den Gelehrten!")

Wer sich näher mit dem Tao befassen will, wird zunächst belehrt, daß "das Tao, das benannt werden kann, nicht das ewige Tao ist". Dies hört sich ganz wie die Aussage einer negativen Theologie an, die die Erfaßbarkeit des höchsten Prinzips leugnet. Es ist aber im Grunde nur als Einladung zu verstehen: Es ist die Einladung, weiter zu gehen, über die Ebene der Erfaßbarkeit, Benennbarkeit hinaus, hinein in die Erfahrung selbst, die wir in unserem abendländischen Verständnis wahrscheinlich als mystische Erfahrung bezeichnen würden. Mystisch insofern, als in der Erfahrung allein, und zwar in der individuellen, ganz persönlichen und leiblich-leibhaftigen Erfahrung sich das Geheimnis, das Mysterium enthüllt und offenbart, was in der alltäglichen Erlebnisweise eben als Geheimnis verschlossen bleibt.

Für manche Menschen mag Mystik nach Geheimniskrämerei klingen, aber gerade das ist Mystik nicht. Mystik anerkennt, daß es bestimmte Dinge gibt, die nicht benannt und nicht erfaßt werden können und dennoch existieren, so auch das Tao. Trotzdem vom Tao zu sprechen, obwohl davon eigentlich nicht gesprochen werden kann, geschieht also in Anerkenntnis des Geheimnisses und dennoch in der Absicht, mehr darüber zu erfahren. Das heißt aber auch, von der primären Ebene des unmittelbaren Erfassens und Verweisens, - "das ist also das Tao!" - abzusehen und auf die sekundäre Ebene menschlicher Sprache, hinweisender Zeichen und nachträglicher Bedeutungen zu gehen und zu versuchen, sich dem anzunähern, was eigentlich keine Nähe duldet: Eben dem, was sich entzieht und durch dieses Sich-entziehen bemerkbar macht.

Um das Tao kennen zu lernen
Muß man wissen um Leben und Tod.
Sonst ist vergebens
Unsterblichkeitsstreben.
Wer Leben erfährt,
Weiß auch um den Tod.
Lebt fortan frei
Durch sich selbst.

(Wang Ching-yang)

Viele westliche Menschen, die sich mit dem Tao befaßt haben, erklären das Paradox so: Wir meinen, Wissen entstünde durch ein Mehr an Information und Kommunikation, durch ein Hinzu-Lernen. Durch Beschäftigung mit dem Tao und der taoistischen Philosophie und den entsprechenden Praktiken aber wird es klar: Nicht Dazu-Lernen, sondern Ent-lernen, nicht Tun, sondern Ent-tun, nicht Erziehung sondern Ent-ziehung bringen uns dem Tao näher. Dieses Merkmal der Negation (ausgedrückt durch das Präfix ent-) jedoch macht aus jeder Aktion des Hinzufügens, sei es als philosophische Reflexion, als pädagogisches Programm, als therapeutische Intervention etwas, was nicht nur überflüssig und unnütz, sondern auch in hohem Grade künstlich und aufwendig ist. Es entspricht nicht der Natur, insofern es ein natürliches Gleichgewicht stört. Aber daß es überflüssig, unnötig, künstlich und aufwendig ist, wird erst dem bewußt, der zunächst etwas hinzugefügt hat, und erst dann, wenn er den Weg des Entwirkens angetreten hat. Erst dann enthüllt sich die wahre Natur der Wirklichkeit.

Den Blick nach Süden und Osten
Sieht er wirbelnde Blätter.
Himmel und Farbe des Herbstes
Durchdringen sein Kleid.
Den Zinnober-Himmel
Der Unsterbliche erreicht.
Inmitten der Kiefern atmet
Den Duft der Berge er leicht.

(Li Feng)

Tao, das wird oft mit Weg übersetzt. Es ist aber nicht der Weg, wie ihn Heilslehren propagieren und der immer als eindeutig vorgeschriebene Weisung sich von Außen dem Suchenden entgegenstellt, als Angebot der Orientierung. Tao, das ist nicht der richtige Weg, der einzige Weg, der Weg, der aus der Verirrung befreit und in die Freiheit führt. - Ein berühmter Spruch läßt den Meister auf die ungeduldige Frage des Schülers, warum denn der Weg so weit sei (wahrscheinlich sind die beiden gemäß dem Gebot: "Belehrung ist Frustrierung" schon Tage, Wochen, Jahre unterwegs auf der Straße) folgende Antwort finden: " Der Weg ist so weit, weil er durch uns hindurch führt. Auf Deutsch: Du kommst nie an."

Im Ursprung ist Tod nicht,
Nicht Leben.
Ein einziger Gedanke
Schafft zahllose Formen.
Weiß man, wo Gedanken werden,
Wo sie vergehen, strahlt hell der Mond
In der Tempelhalle.

(Wang Ching-yang)

Gleichzeitig heißt es aber auch: Du kannst nie vom Weg abkommen. Du bist immer auf dem Weg. Du bist der Weg - das heißt: Deine Erfahrung ist der Weg. Deine Erfahrung windet, wendet und wandelt sich immer neu wie ein Weg, der mit jeder neuen Wendung sich neu eröffnet und gestaltet. Nie kannst Du sagen: Das ist also der Weg, denn er ist immer nur vorläufig. Wenn Du zurück schaust, kannst Du es vielleicht. Du sagst: Das ist der Weg bis hierhin gewesen - soweit so gut. Aber wen interessiert das schon? Der Weg als Ganzes ist interessant.

Im deutschen Wort Wandlung steckt ein Hinweis auf dieses Moment des taoistischen Weges, der durch die Erfahrung hindurch führt. Wandlung kommt von wenden und wandeln - wer wendet und wandelt, ist schließlich verwandelt. In der Verwandlung ist der Prozeß abgeschlossen und als Gestalt erkennbar geworden: Etwas ist sichtbar anders, eben verwandelt. Auf die Abgeschlossenheit weist das Präfix ver- hin. Im Wandel oder in der Wandlung jedoch sind wir mitten drin und können nichts erkennen. Wir wissen nur, daß wir mitten drin sind , und daß das , in dessen Mittendrin wir uns wissen, kein Ort ist, sondern ein Prozess. Es handelt sich nicht um eine räumliche, sondern eine zeitliche Dimension.

In der Wandlung wirkt also der Faktor Zeit, aber er ist nicht allein ausschlaggebend. Es ist jedoch für uns zunächst überhaupt schwer in Kategorien der Prozeßhaftigkeit und der Dynamik zu denken, weil unser Denken sich an definierten, fixierten und im Zeitmodus des Perfektums abgeschlossenen Gestalten orientiert. Es braucht einige Zeit, um anders denken zu lernen, und dabei hilft uns die Beschäftigung mit dem Taoismus.

Dieses andere Denken ist in der Wissenschaftstheorie schon längst eingeführt, indem nämlich festgestellt wird, daß Wissenschaft keineswegs zum Wissen führt, da Wissenschaft kein Wissen als endgültig akzeptiert. In der Psychotherapie macht sich immer mehr eine Tendenz zur Prozeß-Orientierung bemerkbar, deren wesentliches Merkmal in einer gewissen Offenheit für Möglichkeiten besteht, die jederzeit eintreffen können. Sie sind nicht voraus zu bezeichnen.

Sie sind nicht allgemein "richtig". Sie "stimmen" für den Moment, für die Person. Der Weg geht eben durch die Person. Und die Lösung wird gefunden durch die Person, die losläßt. Das ist sowohl der Therapeut, der sich von seiner professionellen Besserwisserei der Diagnostik nun enthoben fühlen darf, wie auch der Patient, der zum eigenverantwortlichen Klienten aufwächst.

GANZHEIT, GARHEIT

Ganzheit, ein Wort das Zukunft hat. Aber was heißt das eigentlich? Zunächst ist es eine Substantivierung eines Adjektivs und ein Abstraktum. Nie hat jemand eine Ganzheit gesehen, gerochen, gefühlt, gehört. Es wird immer zitiert: "Das Ganze ist mehr als die Summe seiner Teile". Das Ganze ist hier jene Ganzheit, die sich als unmittelbarer Eindruck nach dem Abhören, Abtasten, Abgucken aller Einzelteile ergibt, als ob die Wahrnehmung, auf Ganzheiten linkshemisphärisch geschult, plötzlich mit einem roten Lämpchen aufblinkt, als wollte sie sagen: "Genug, das reicht, das wär's, wir sind komplett, es ist erkannt worden, das Es ist ganz." Das wäre die Ganzheit. Grenzfragen sind natürlich immer drin. Gehört dieses oder jenes, noch dazu oder nicht?

Das klare Wasser, mit sanftem Klang
Bewegt es die Saiten der Zither,
Wirbelnde Blätter
Bedecken mit Gold die Erde
Im Bergwald, was für ein Reichtum!
Wie traurig, daß niemand versteht -

(Ch'ang Ch'ao)

Es wird, um das Wesen der Ganzheit zu erfassen und zu veranschaulichen, gerne eine philosophische Parabel aus der hinduistischen Tradition erzählt: Den weisesten Männern des Landes wurden die Augen verbunden und dann wurde ihnen ein Elefant vorgeführt. Sie wurden mit der Aufgabe betraut, nur von ihren Sinnesorganen ausgehend zu erraten, um was es sich da handle, was sie erspürten. Sie wurden an den Elefanten herangeführt, jeder an eine separate Stelle - ein Elefant ist ein großes Tier, so haben mehrere Weise Platz an ihm. Wunder, oh Wunder! Die Weisen errieten nicht, was sie da unter den Händen befühlten, und wahrscheinlich war der Weise, der den Rüssel zu betasten hatte, zur abwegigsten Folgerung gelangt - was schließlich nicht seine Schuld war. Dann nahm man ihnen die Augenbinde ab und das große Aha-Erlebnis stellte sich ein: Ein Elefant! Zweifellos eine Ganzheit. Und hier ergibt sich kein Zweifel, was noch dazu gehört (der Rüssel) und was nicht mehr (das Heu,das er gerade frißt). Aber ist das Heu, das nun bald verdaut und Teil des Elefantenmagens sein wird, nicht doch ein Teil vom Elefanten? - Die Ganzheit hat es in sich , und genau deshalb ist sie so schwer zu bestimmen.....

Wenn man nun, um sich Klarheit zu verschaffen, im etymologischen Lexikon nachschlägt, so wird man zu seiner großen Freude entdecken, daß >ganz< und >gar< die selbe Wortwurzel haben und ursprünglich gleichbedeutend sind. Nicht nur lautmalerisch und umgangssprachlich sind sie in gewisser Weise ein Zwillingspaar. Nur betrifft die Garheit ganz eindeutig Vorgänge des Kochens und ist auf diese beschränkt. Aber auch die Garheit hat subjektive Bewertungskritierien zur Basis: Man denke nur an die Garheit von einem gekochten und einem weichen Ei! Wie oft ist die Harmonie eines Sonntagsfrühstücks schon an dieser Debatte zerbrochen! Und es nützt selbst dann nichts, wenn so rationale und meßbare Werte wie die vier Minuten Kochzeit für das Vier-Minuten-Ei angeführt werden: Die Garheit ist und bleibt doch was Irrationales, und bestenfalls, wenn man Glück hat, fällt es weniger oder gar nicht auf.

In der esoterischen Tradition hingegen darf ungehemmt über Ganzheit und Garheit spekuliert werden, da alles Spekulation ist und dieses Spekulieren ein wenig Licht ins Dunkel des öden Alltagswissens bringt. Das Kochen hat von jeher viel mit Esoterik zu tun - esoterisches Wissen heißt ja letztlich nichts anderes als verborgenes, geheimes Wissen. Und das kommt dem Wissen bzw. Nichtwissen angesichts eines sorgsam verschlossenen Backofens mit Souffle' darin gleich. Schauen wir vorzeitig hinein, sackt es in sich zusammen. Lassen wir es brennen, ist es verbrannt. Garheit fordert Fingerspitzengefühl. Wahrscheinlich ebenso, wie die gebrauten Süppchen der Hexen und der alchemistischen Goldmacher-Mixe.

"Garheit" hat, im Gegensatz etwa zu dem Begriff der "Reife" das Faszinosum des Verborgenen, das sich erst offenbart, wenn es soweit ist, d.h. wenn die Quantität den Sprung in eine veränderte Qualität gemacht hat. Reife hingegen schleppt sich dahin, mag vielleicht die Würde des Alterns und Hinzulernens besitzen, aber keinesfalls den Charme des neugeborenen Initianten, der sich so gründlich verändert erlebt, daß keine Beziehung mehr zwischen der alten Hülle und dem neuen Schmetterling besteht und sichtbar ist. Reife trägt Zeugnis der vergangenen Wunden, Fehler, Irrwege. Reife bildet, Spur für Spur, die aufgebrauchte Zeit ab, führt Buch, ist wie ein offenes Geschichtsbuch - aber wer will schon die Vorteile einer gewissenhaften Buchführung gegen das Wunder der Transformation eintauschen, wenn er die Wahl hätte?

Gesang in den Wu-I-Bergen:

Duftendes Gras färbt
Grün den fließenden Bach.
Im fernen Berge stehen
Die alten Kiefern blau.
Alleine an des Baches Ende
Heb ich die Silberflöte,
Spiel den Unsterblichen,
Dort, in der Höhle,
Im dichten Nebel unter dem Fels,
Erscheint keines Menschen Gestalt.
Das grüne Moos bedeckt
Von einsam weißen Wolken.
Beim Fall der Kiefernzapfen
Verstummt der Vögel Sang.
Ein frischer Wind bringt einen Traum.

(Pai Yü Ch'an.)

In der taoistischen Philosophie finden wir immer wieder den Vorgeschmack auf eine Seligkeit, die jung hält. Es gibt sogar eine alchemistische Geheimlehre ("Die goldene Blüte"), die sich um das Geheimnis von Unsterblichkeit und Alterslosigkeit bemüht. Und ich denke, wir sollten uns nicht so hochmütig gegen diesen uralten Herzenswunsch der Menschheit verwehren, nur weil wir darüber aufgeklärt zu sein meinen, daß er unerfüllbar ist. Er könnte einfach der Wunsch nach Unmittelbarkeit des Erlebens sein, der Wunsch danach, einzutauchen in den Lebensfluß und in jedem Augenblick neugeboren daraus hervorzutauchen, um sich wieder dem Strömen erneut hinzugeben.

Freilich ist der Preis dieses seligen Strömens und kontinuierlichen Durchgehens durch Prozesse permanenter Transformation, der Verlust oder die Aufgabe der Fixierung und Definierung einer einzigen Form, die uns Individualität verleiht. Ständiges Sterben ist ständiges Geborenwerden. Aber womit kann ich mich identifizieren (und identifiziert werden), wenn meine Identität sozusagen protoplastisch alle Formen meiner Bewußtseinzustände annimmt?

Kennt man die wahre Lehre nicht,
So rede man nicht davon.
Beim Erfassen der Leere
Verliert man sein altes Ich.
Will man die Wahrheit der Leere wissen:
Sie liegt im Ununterschiedenen.

(Wang Ching-yang, Gedanken zum Tao)

Für unsere Kultur, die sowohl an Individualität als auch an Identität hängt und den ethischen Wert der Integrität von beiden vorgehenden Werten abhängig macht, in der es als ehrenhaft gilt, gegen den Strom zu schwimmen, ist es eine schwere Einbuße an Orientierung, wenn nun die Überschreitung der Polaritäts-Grenzen und der dualistischen Gedanken gefordert wird. Woran können die inneren und äußeren Kontrolleure sich nun noch halten, "daß da nicht jeder kommen kann" und das Tao für sich und sein undurchsichtiges Handeln beansprucht? Deshalb ist versucht worden, zumindest Kategorien von Echt und Unecht, Richtig und Falsch, Authentisch und Simuliert, Ernst und Nur-Spiel, Als-Ob und Quasi-Qualität in der neuen Disziplin des Strömens aufzustellen. Aber wer will behaupten, das richtige von dem falschen Tao unterscheiden zu können, vor allem wenn es das Tao des Nachbarn ist? Es gibt kein Echt und Unecht, vor allem wenn es das andere ist. Und: Das Eigene ist immer das Eigentliche. Es geht um die eigene Erfahrung - man muß schon selbst baden gehen, um schwimmen zu können.

Klar vor Augen,
Wie sinnlos das Streben:
Von selbst geschieht es, daß die Berge grünen, von selbst
geschieht es, daß die Wasser fließen. Bewahre deshalb in allen
Momenten diesen einen Gedanken: Zu denken ohne Gedanken - das
ist die Übung, das ist der Weg.

(Wang Ching-yang, Gedanken zum Tao)

Im Vordergrund steht der Prozeß. Und der hat einen Anfang und ein Ende. Aber wo der Anfang und wo das Ende ist, kann keiner von uns beurteilen, vor allem wenn es sich um das ewige Tao handelt. Es gibt nur so etwas wie ein Gefühl: Das fühlt sich an wie ewiges Tao! Wie ewige Bewegung - in sich ein Widerspruch. Doch: Es geht um dieses Gefühl. Es wird von allen, die es erlebt haben, als tiefes Glücksgefühl, als ruhige Euphorie, als satte Sehnsucht oder offene Grenze, als befriedigte Dynamik oder volle Leere, also in ziemlich paradoxen Bildern beschrieben, und gipfelt in der Vorstellung eines Friedens, der weit entfernt ist von unserem "ewigen Frieden". Letzterer bedeutet ja das Ende von Leben, während der taoistische Frieden erst den Anfang bzw. die bewußte Wahrnehmung einer bestimmten Art von Lebendigkeit ermöglicht.

Rastlos machen Gold und
Jade - laß sie gehen!
Kaum daß die Blume frisch erblüht,
Senkt sich des Herbstes Frost.
Tao-Schüler preisen gern
Ein Leben über tausend Jahre:
Doch diese gleichen nur
Dem Blitz aus einer Wolke.

(Lü Yen)

Und was ist nun Merkmal dieser Lebendigkeit? Eben dieses Im-Fluß-Sein. Dieses Gefühl, daß alles verbunden ist, und daß das Ich, das erkennt, dieses erkennen kann. Mitschwimmt, obenauf und abgegrenzt wie ein Korken auf dem Wasser und dennoch mittendrin. Nicht Teil davon und doch. Zeuge und Beteiligter zugleich. Wie gesagt, in früheren Zeiten wäre die Diagnose unvorteilhaft ausgefallen: Depersonalisierende Dissoziation, regressive Auflösungsphantasien oder progressive Zerfallserscheinungen der Identität. Heute fällt die Diagnose anders aus - vorteilhafter. Lebendigkeit scheint ein verlockenderes Ziel der Therapie, als das Ziel einer für immer und ewig unter-und-eingemauerten Ich-Identität.

DIE PSYCHOLOGIE DES ES, DES SELBST, DES UNBEWUẞTEN

Ich lache laut, wenn du
Nach meiner Wohnung fragst.
Mit meinem Zauber-Wolken-Stab
Hol ich vom Himmel Morgenwolken,
Und keine leeren Worte sind,
Daß sich ein Feuerblitz verbirgt
Zwischen meinen Augenbrauen.....

(Lü Yen)

Es scheint unangemessen, von einer Logik der Psyche (Psycho-Logik) zu sprechen, wenn es um das Unbewußte geht. Das Unbewußte heißt ja deshalb Unbewußtes, weil es durch die alltäglichen Arten der Wahrnehmung und Bewußtwerdung nicht erreicht werden kann. Und trotzdem wird ständig davon gesprochen. Das Unbewußte ist eine Art Platz, Ort, Landschaft geworden, eine terra incognita, ein Kontinent, der noch nicht genau vermessen worden ist, aber dessen Vermessung möglich ist bzw. sein wird, wenn wir mehr über die Logik, die Gesetzmäßigkeit wissen werden.

Das Unbewußte erschließt sich in seinem Wesen am besten, wenn wir darauf achten, wie wir das Wort 'Es' und das Wort 'Selbst' in unserer Sprache gebrauchen. Eine Art von Erlebnis, das uns dem Wirken unseres Unbewußten näher bringt, ist das Erlebnis: "Es geht von selbst." Als Aussage über bestimmte Ich-Identitäten können Sätze gelten wie: "Ich bin es. (Das bin ich)" und "Ich bin mich selbst," Verführt durch die grammatische Möglichkeit, Zustände innerhalb von Prozessen als Substantivierungen zu abstrahieren, neigen wir dazu, von dem Selbst, das wir haben, und dem Unbewußten, das Teil unserer Seele ist, zu reden. Dadurch verdichtet sich die Vorstellung, Selbst und Unbewußtes seien abgetrennte Ortschaften, die wir aufsuchen könnten. Das Es, von den ersten Psychologen als eigener Begriff eingeführt, ist nur vage abgegrenzt von `Selbst` und Unbewußtem - man könnte da in Wortspiegelfechtereien verfallen. Das Es taucht heute in den modernen Psychotherapien, die mit veränderten Bewußtseinszuständen arbeiten (z.B. NLP - Neuro-Linguistisches Programmieren) meist im Zusammenhang einer bestimmten Bewußtseinsebene, der Es-Ebene auf. Das Ansprechen des Es- Territoriums als Ebene und nicht als abgegrenzte Lokal-Einheit ist insofern wichtig, als der Perspektivenwechsel, der im Vordergrund der therapeutisch angezielten Bewußtseinsveränderung steht, nur durch einen Wechsel der Ebenen erfolgen kann, und dazu auch hypothetische Bewußtseinsebenen eingeführt werden müssen.

Vergleichen wir die zwei psychologischen Modelle, die Es, Selbst und Unbewußtes zu beschreiben versuchen.

Das erste Modell (wie etwa bei Freud und C.G. Jung und den "Vätern der psychologischen Theorie" gedacht) nennen wir das statische Modell. In ungefähr beschreibt es die Seele des Menschen als eine feste Form mit Grenzen und Unterteilungen, eine Art Haus oder Welt für sich, die sich, ähnlich wie in der abendländischen Tradition der Hochreligionen, eher hierarchisch gliedert denn pluralistisch gestaltet: Analog zu Himmel, Hölle und Diesseits/Jenseits könnten wir von dem Über-Ich, dem Unbewußten und der integrierenden Ich-Funktion, dem platonischen Lenker des Bewußtseins-Wagens sprechen. Natürlich hat es sich herumgesprochen, daß das Über-Ich nicht immer die besten Lösungen parat hat und manchmal sogar ziemlich veraltet ist und an traditionellen Gewohnheiten hängt, die gar nicht gut tun. Das Ich ist überfordert, den Unsinn zu integrieren und sich noch dabei gut zu fühlen. Hingegen drängen aus dem Unbewußten keineswegs nur unsinnige Angebote, und auch die Triebe, einstmals als Gefährdung der Ich-Integrität gesehen, haben durchaus ihr Gutes, sind sie doch instinkthaft an eine Form des Wissens gebunden, die so manchem Lebewesen schon das Leben gerettet hat. Die Göttlichkeit und Autorität des Über-Ichs wird also hinterfragt. Ebenso wird das Unbewußte als Quelle von selbstheilenden Kräften, Inspirationen, überlebenswichtigen Vorahnungen, autonom funktionierender und selbstregulierender Organtätigkeit angesehen und als solche wertgeschätzt. Der Fortschritt, den die neuesten Psychotherapien erzielen konnten, geht vielleicht eher auf die neue Wertschätzung des Unbewußten denn auf die Entthronung des Über-Ichs zurück. Wie auch immer: Im statischen Modell sind all diese Ich-Anteile jenseits ihrer Bewertung immer noch getrennte Modalitäten, die nur über schwierige Hindernisläufe hinweg, über Schwellen, Zensuren und Widerstände sich gegenseitig erreichen. Und es ist insofern richtig, als das alltägliche Bewußtsein tatsächlich seine Wahrnehmungsgewohnheiten auf Unterschiede, also auf Trennung aufbaut, und durch die Zensur der Bewußtseinsschwelle eine Vorauswahl der Reize trifft. Aber: Das statische Bewußtseinsmodell entspricht einem statischen Bewußtsein. Und dieses herrscht, bei allem gutgemeinten Bekenntnis zur Ganzheit und zum holistischem Denken, immer noch vor, so lange wir in dem alltäglichen Bewußtseinszustand sind. Erst in der Abgrenzung zu diesen alltäglichen

Bewußtseinsgewohnheiten, erst in der Erforschung und im Erleben sogenannter nicht-alltäglicher Bewußtseinszustände (wie wir sie etwa in der Meditation oder durch trancehafte, ebenso wie ekstatische Erlebnisse kennen lernen) eröffnet sich eine Alternative zu dem fixierenden und definierenden Bewußtsein. Das ist eine Neuheit in der Philosophie. Bislang spielte sich alles, was den Anspruch auf Logik hatte, also auch die Psychologik, auf der Ebene des alltäglichen und statischen Bewußtseins ab.

Das zweite Modell nennen wir das dynamische oder kybernetische Modell. Es kommt den modernen Ansprüchen nach Umdenken und anderem (kreativem, holistischem, zyklischem, rechtshemisphärischem, etc.) Denken nach und stammt bezeichnenderweise aus Psychotherapien, die nicht nur kognitiv arbeiten, sondern auch auf die anderen Ebenen des Bewußtseins wechseln wollen. Es sind Psychotherapien, die ganz bewußt Trance-Zustände induzieren, etwa um die Perspektive zu verändern oder Übersicht zu gewinnen. Damit verfolgen sie Nahziele wie den Ausstieg aus dem alltäglichen Streß, aus den Kreisläufen zwanghaften Sorgendenkens und selbstzweiflerischen Grübelns. Wo immer destruktive oder veraltete Fixierungen und Definitionen aufgehoben werden sollen, empfiehlt es sich, mit dem Medium der Verflüssigung, mit Trance zu arbeiten. Trance ist hier der Zugang zu der strömenden Lebendigkeit, zur Es-Ebene, zu den unbewußten Reflexen, Automatismen und Mechanismen, zu den selbststeuernden Programmen. Wollen wir hier eine Veränderung erzielen, müssen wir auf die Ebene kommen, wo die Selbststeuerung (Kyber heißt altgriechisch Steuermann, und Kybernetik ist die Lehre von Selbststeuerungsprozessen) abläuft. Deshalb die Bezeichnung des Modells als dynamisch und kybernetisch: In Trance kann ich bewußt erleben, daß und wie alles zusammenhängt, miteinander verbunden ist und durch diese Vernetzung sich gegenseitig beeinflußt. Wechselseitige Beziehungen und Verhältnisse beherrschen hier das Bild: Strömungen überlagern sich, verstärken sich, gleichen sich aus. Die Grenzen sind nicht nur fließend, sondern es ist auch unnötig, sie genau festzulegen, denn es geht mehr um Richtungen und Tendenzen und gesetzmäßige, voraussehbare Wechselwirkungen.

ELEMENTAR-ERLEBEN VERSUS WANDLUNGS-ERLEBEN

Vierzig Jahre sind vergangen,
Seit meine Seele auf die Erde fiel.
Vertrauend auf des Himmels Wahrheit
Pfleg ich das Nicht-Tun und die Muße.
Des Lebens Anfang liegt
Im Bronzetopf von ch'ien und k'un:
Das Weiter folgt dem Mond- und Sonnenrad.

(Lü Yen)

Genau ein solches dynamisches und kybernetisches Modell der Psychologik haben wir vor uns, wenn wir die fünf Wandlungsstufen in der traditionellen chinesischen Medizin, irrtümlicherweise auch fünf Elemente genannt, näher kennen lernen. Hier von Elementen zu sprechen, entspräche dem statischen Bewußtsein und würde nur für Mißverständnisse sorgen. Im dynamischen Modell hingegen sind Wandlungsstufen wie Fließzustände, die kybernetisch sich gegenseitig aussteuern.

Die fünf Wandlungsstufen zeigen sich dem abendländischen Denker zunächst im Kleide der Ana-Logik (abgeleitet von dem Präfix ana, das im Altgriechischen "gemäß" heißt), also jener Logik, die keine ist, da sie weder deduzierend noch induzierend vorgeht, sondern ein System der Zuordnungen auf Grund von - manchmal eher zufälligen und willkürlich entschiedenen - Entsprechungen und Ähnlichkeiten aufbaut. Wir kennen das analoge Denken aus dem Mittelalter, da man sich vorstellte, die Welt sei ein göttlich perfekt erdachtes und wohl geordnetes System, das seine Ordnung durch Zuordnungen organisiert und dem Menschen so einen sicheren Platz und eine fest umrissene Aufgabe innerhalb der Schöpfung zuteilt. Der Mensch kann sich zugehörig fühlen - das gibt ihm Halt, gibt ihm das Gefühl von ewiger Ordnung und ewiger Gesetzmäßigkeit, überhaupt ein Gefühl für ein "richtiges"Maß. Und das macht ihn glücklich, wie sonst nichts Irdisches ihn glücklich machen kann.

Das analoge Denken ergeht sich gerne in Bildern und wird allegorisch. Es liebt die Ausschmückung, das Detail, das einbezogen wird in eine systematische Vereinnahmung von Welt. Kein seltener Vogel, keine gemischte Farbe, kein Pflänzchen, das da ausgelassen wird, aus dem halb schöpferischen halb verzweifelten Ordnungsimpuls, den der Mensch auf Gott projiziert. Nirgends ist mehr Unordnung, es sei denn vor aller Zeiten Beginn und jenseits der Schöpfung, als noch das Chaos herrschte. Alles ist ordentlich aufgereiht auf der Analogie-Kette des Bezugsdenkens. Alles bezieht sich irgendwie auf alles, aber die Ordnung ensteht durch säuberliche Trennung dessen, was zusammengehört.

Im astrologischen Denken finden wir heute am ehesten dieses klassifizierende Analogie-Denken wieder. Und wir sehen die Gefahr, die es beinhaltet, dort am deutlichsten vor Augen geführt: Trotz aller Hinweise, daß ein Mensch, um "gar" zu werden (also wirklich durch den Prozeß heilender Transformation hindurchzugehen) wirklich auch alle Stationen der Tierkreiszeichen, Häuser und Planetenfunktionen durchwandeln muß, dient die Astrologie in den meisten Fällen einer simplen Rasterung von Identität im Stile: "Ich bin eben so und so" und darüber hinaus der fadenscheinigen Ausrede, diese Identität sei schicksalshaft gegeben, also statisch und damit unveränderlich.

Als wir uns zum erstenmal die Fünf Elemente mit ihren Zuordnungen notierten und zusammenstellten, verfielen wir zunehmenderweise in den Rausch der Analogie. Das ist ein Rausch, den man auch als Bezugswahn beschreiben könnte - alles ist auf irgendetwas bezogen und gehört irgendwohin. Aber dieser Bezugswahn selbst, so sehr er auch eine sich verselbständigende Dynamik entwickelt, ist in sich noch statisch orientiert. Da gibt es verschiedene Oberbegriffe und Raster, unter denen die Analogien wie unter einem Motto zusammengefaßt werden. Aber je mehr die Analogien durch eine systematische Gemeinsamkeit untereinander verbunden, um nicht zu sagen, zusammengekleistert werden, desto mehr sind sie getrennt von der Ganzheit, die sich als Zusammenspiele der Subsysteme ergeben sollte. So lange aber die Subsysteme, also in diesem Fall die Elemente, auf sich selbst beschränkt bleiben und die Bewegung des Fließens nicht das ganze System erfaßt, wechselseitig beeinflußt und durch diese Beeinflußung verändert, so lange ist das Tao wirklich nur ein Deckname für den Alleskleber-Kleister scheinbarer Vernetzung.

Taoistisches Denken entsteht dann, wenn die Bewegung durchgängig ist und die Einheiten der Subsysteme auflöst bzw. sie verwandelt in dynamische Zustände, Stadien und Stationen. Taoistisches Denken ist Denken in Bewegung. Hier ist der Unterschied zu einem einfachen, zyklischen Denken, das auch als Kreislaufdenken bekannt ist und sich am "Gesetz der ewigen Wiederkehr" aufrafft zu immer neuer, wenngleich nie eingelöster Hoffnung: Es ist das Denken, das sich einredet, es gäbe immer wieder einen Frühling, der auf den Winter folge und es ist ein Denken, das die Endlichkeit des Individuums verdrängt und mit dem Gedanken über die vorübergehende Vergänglichkeit in der Natur kompensiert. Der Gedanke, die sterblichen Überreste des toten Körpers könnten zum Humus für aufkeimende Pflanzen dienen, mag eine tröstliche Resignation anzeigen. Aber ganz andere Aussagekraft erhält die Vorstellung, daß der eigene "Mist" alter Erfahrungen zum Humus für neues Erleben wird, weil die Energie immer dieselbe ist und nur die Form sich verändert. So wird auch die Energie des Schlechten, Bösen oder Unvollkommenen letztlich zum Ausgangspunkt und zur Basis einer besseren Lösung. Nur durch Anerkenntnis und Wertschätzung dieses veralteten und überkommenen Teils meiner selbst wird überhaupt Vollkommenheit erst möglich, da Vollkommenheit auf Ganzheit und Heil-Sein beruht. Statt der trennenden Wertung, die zwischen gut und schlecht unterscheidet, tritt eine Bewegung zur Vervollkommnung hin ein. Sie zeigt sich als wertschätzende Haltung den Unvollkommenheiten gegenüber, und einer Tendenz, sich nicht dort aufzuhalten - also nicht den Fehler oder das Fehlende zu verstärken, sondern aus dem Bewußtsein der vollkommenen Fülle heraus weiter den Weg zu gehen.

Des Tao-Menschen Herz ist kühl wie Eis,
Ohne falsches Streben findet er den Weg.
In tiefer Stille ruht der Geist
Und leuchtet wie der klare Mond.

Wandernd über tausend Berge
Schwebt sein Körper wolkenleicht.
Zurückgekehrt schaut er zum Mond,
Hinter bläulich-weißen Nebelschleiern.
Kiefernwind fährt in sein Ohr,
Macht seine Knochen frösteln.

(Li Feng Lao-jen)

Vom Elementar-Erleben zum Wandlungs-Erleben, das bedeutet: Vom zyklischen Kreislaufdenken der ewigen Widerkehr zum systemischen Ansatz.(Siehe die Systemtheorie und den systematischen Ansatz in der Familientherapie) Bleiben wir bei dem Beispiel der Jahreszeiten, deren Stimmungsart, Gefühlsqualität und Wechsel nicht nur in der chinesischen und japanischen Lyrik so hervorragend beschrieben wurde, sondern auch das Thema vieler Volkslieder in den westlichen Traditionen darstellt. Das zyklische Denken finden wir in der Identifikation mit Naturvorgängen, die das Sterben und Werden, also Goethes Prinzip des "Stirb und Werde" auf einer vegetativen Ebene vormachen. Daran knüpft sich eben die elementare Hoffnung des Menschen, es würde ihm ebenso ergehen wie der Natur. Freilich ist das Wiedergeborenwerden mit dem Verlust von Gedächtnis und Wissen um die eigene vergangene Identität verknüpft. Aber dieses Wissen wird um des Überlebens willen geopfert, und es ist beruhigender, sich die eigene über den Tod hinaus verlängerte Existenz als Humus oder Keim in der Erde vorzustellen, als ganz darauf verzichten zu müssen und das vorläufige Ende, das in der Vergänglichkeit erfahren wird, als endgültig anzunehmen. Es gibt in den alten Texten immer wieder ein Anzweifeln, sowohl der Gültigkeit, als auch des Sinns von solch vegetativer Weiter-Existenz bzw. Wiedergeburt. So beobachtet ein afrikanisches Lied mit Sorge: "Die Sonne geht. Und kehrt wieder. Der Mensch geht. Und kehrt nicht wieder. "

Totenbücher, sei es das ägyptische oder das tibetische, haben die Funktionen, die Toten genauestens über den Verlauf und die Bedingungen für ihre Wiedergeburt zu unterrichten. Dabei geht es vor allem um die Wahrung der Kontinuität des Ich-Erlebens, das Voraussetzung für bewußte Entscheidung und bewußtes Handeln ist. Die Gefahren liegen in der möglichen Ablenkung und Verführung durch ein chaotisches Reiz-Angebot. Und so ist für uns die hinduistische Reinkarnationslehre z.B. ein Ringen darum, nicht in vegetativer Vergessenheit, sondern in eine gewisse Bewußtheit hinein wiedergeboren zu werden. Diese Bewußtheit schließt auch die Erinnerung an das Vorleben ein.

Die Kontinuität der Bewußtheit macht die Integrität der Persönlichkeit aus, die sich nun mit einem über mehrere Inkarnationen erstreckenden Ich-Bewußtsein identifizieren kann. Es geht also darum, aus dem elementaren und unmittelbaren Erleben des Augenblicks herauszutreten und sich auszustrecken, zu dehnen und zu weiten, und dies alles bewußt zu machen, so daß man mit Recht sagen kann: "Das alles bin ich." Während also das zyklische Denken von einem Standort auf der Peripherie des Kreises zum anderen reist und keine Erinnerung an die durchgangenen Stadien in sich aufbewahrt, also zurückschauend das Erleben des Durchschreitens reflektiert, ist sich das Wandlungs-Erleben in allen Phasen seiner selbst bewußt. Gehen wir vom Bild des Kreises und des Kreislaufs aus, so wäre dies eine ständige Bezugnahme auf die Mitte, die von allen Punkten der Peripherie gleich weit entfernt ist und als stabiler Orientierungspunkt in dieser kontinuierlichen Veränderung dient.

Selbst im Traume dachte ich an
Heimkehr nicht - zehn Jahre lang.
Unter dem blauen Gipfel stehe ich
Allein am Ufer des wilden Wassers.
Die ganze Welt still und verlassen
Nach einem Regen in den Bergen.
Wie viele Leben bedarf es der Pflege,
Bis ich blühe wie dieser Kirschbaum?

(Hsieh Fang-te)

Das Bewußtsein von Mitte macht den Unterschied aus. Wenn wir versuchen die Meditations-Anweisung "in die eigene Mitte kommen" anschaulich zu erklären, bedienen wir uns deshalb der bildlichen Vorstellungen, die "Bewußtseins-Vektoren", "Ich-Anteile" und "Organ-Persönlichkeiten" (alles Einheiten, mit denen wir es später bei der Einladung zu den Festen zu tun haben werden) hätten gewisse Plätze und Räume im Bewußtsein, also bestimmte Bewußtseinsräume als Aufenthaltsorte, und diese seien der Anschaulichkeit halber auf der Peripherie eines Kreises eingetragen. In der Fünf-Elemente-Lehre haben wir ebenfalls einen solchen Kreis mit den verschiedenen Lokalitäten der Elemente, Jahreszeiten, Organe, etc. Nun geht es darum, sich im Bewußtsein die Bewegung des Kreislaufens zu vergegenwärtigen und sich diesen Prozeß nicht nur bewußt zu machen, sondern die Prozeßhaftigkeit der eigenen Wandlung im Bewußtsein zu halten. Dieses "Im-Bewußtsein-halten" von etwas, was seinem Wesen nach wandelbar und haltlos ist, wird nur möglich durch die Konzentration auf die Mitte, die alles untereinander verbindet und die Stationen nicht als von einander getrennt, sondern als einander bedingend erleben läßt. Dann und nur dann kann das "Frühlings-Ich" etwa sich bewußt sein, daß es mit der "Winter-Identität" verwandt ist, und es kann den Winter als notwendige Passage auf seinem Weg der Passion - der leidenschaftlichen und aktiven Teilnahme an allem, was es erlebt - annehmen. Der Winter ist nicht nur Vorfahre oder Ahne, sondern Teil des Frühlings selbst, insofern der Winter erst den Frühling möglich macht. Wird der Winter nicht angenommen, so erlebt der Frühling eine Schwäche, einen Mangel, ist erblich vorbelastet und kränkelt hinein in das neue Jahr. Seine Startchancen sind gemindert, die Intensität des Erlebens fällt ab, und damit ist auch die Freude des Sommers blaß und halbherzig geworden. Die Schwäche pflanzt sich fort, hinein in einen späten Sommer, der nicht zur wirklichen Reife gelangen will. Und so ist der Trennungsschmerz des Herbstes zwar gemildert, aber eine schlechte Vorbereitung für den Winter, der nun alles, was sich nicht verwurzelt hat, mit seiner Kälte wegbeißen wird.

In der systemischen Familientherapie betrachtet man die Familie als System. Das Wort System wird bestimmt von dem altgriechischen Präfix sys-, das zusammen bedeutet. Ein System ist also eine Einheit, die sich durch gegenseitige Zusammenhänge und Wechselbezüge auszeichnet. Eine Familie ist insofern ein System, als alle Mitglieder aufeinander Bezug und Wechselwirkung haben und sich somit auch gegenseitig definieren (wörtlich: in ihren Grenzen festlegen). So werden Rollen und Funktionen definiert, und die Familientherapie sieht deshalb wenig Sinn darin, die Familienmitglieder einzeln zu therapieren. Da jedoch wenige Familien komplett ins Therapiezimmer wandern und überhaupt die kompletten Familien mehr und mehr den Single- Existenzen Platz machen, ist nun die Psychotherapie häufig dazu übergegangen, von der "inneren Familie" zu sprechen und sich eventuell mit den Repräsentanten der verinnerlichten Familie bzw. deren Regeln, Tabus und Glaubenssätzen auseinanderzusetzen. Auch die oben genannten Ich-Anteile gehören zur Inneren Familie, die jedoch um ganz persönliche Dämonen als Personifikationen von Suchtstruktur oder zwanghaftem Verhalten beispielsweise erweitert werden können. Wenn wir zusätzlich mit der Fünf-Elemente-Lehre arbeiten, kommen nun die Organ-Persönlichkeiten dazu, also die inneren Stimmen von Leber, Nieren, Milz, etc. Und es ist ein sehr einschneidendes und zugleich eigenartiges Erlebnis, wenn wir westlichen Menschen zum erstenmal diese Stimmen vernehmen und tatsächlich in Dialog treten mit unserem Organismus! Viele haben beim erstenmal das Gefühl, vernachlässigte und verwahrloste Kinder als die eigenen anzuerkennen und sich ihrer anzunehmen. Oft jedoch stellt sich heraus, daß die Kinder eigentlich die Eltern sind, die ihre Autorität nicht richtig durchsetzen konnten ... und so sind wir mitten in den ganz alltäglichen Familiendiskussionen, Rollenerwartungen, Pflichtzuweisungen, Delegationen und Erbschaftsstreitereien.

Zu den Auseinandersetzungen in einer Familie bzw. in der Gesellschaft gehört der uralte "Kampf der Geschlechter", also die Zuordnung zu dem, was als echt männlich, und dem, was als wirklich weiblich verstanden werden soll. In der Fünf-Elementen-Lehre haben wir eine zusätzliche Komplikation, nämlich daß von Yin und Yang gesprochen wird, als wären es eigenständige Wesensarten. Zudem wird Yin mit weiblich und Yang mit männlich gleichgesetzt, was die Frauen berechtigterweise aufschreien ließ, werden doch dem Yin so unangenehme Eigenschaften wie: Kühl-feucht-dunkel zugeschrieben, was uns Mitteleuropäern so ziemlich die ärgste Vorstellung eines Klimas überhaupt ist. Würden wir allerdings in der Sahara leben, könnte sich diese Einschätzung bald ändern. Wie auch immer, Yin wird auch mit Schwäche, Mangel und Rückzug verbunden, während Yang in seiner erblühenden Stärke glänzt und strotzt. Da wir es aber mit Prozessen zu tun haben, ist es auch für Yang-Identifikanten beruhigend zu erfahren, daß Herr Yang platzen würde, wenn nicht Frau Yin ab einem bestimmten Punkt das Kommando übernehmen würde. Freilich ist in unserem romantisch-heroischen Idealismus immer noch der Heldentod des Platzens einer schmählichen Rückkehr zum Ausgangspunkt bzw. zur meditativ erfahrenen eigenen Mitte vorzuziehen. Aber bei solchem Desperado-Denken kommt sowieso alle Hilfe zu spät, und deswegen ist es vergeudete Liebesmüh, es auch den Desperados recht machen zu wollen - sie werden von selbst aussterben. Und abgesehen von solchen, wie gesagt romantischen Übertreibungen, haben wir es bei Yin und Yang einfach mit Zuständen zu tun. Will man Ernüchterung bewirken, stelle man sich einfach einen Luftballon vor: In geblähtem Zustand ist er Yang, im Zustand übermäßigen Yangs ist er geplatzt, und ansonsten variiert er von schrumpelig abnehmend bis vollkommen leer und platt - er ist in diesem Zustand des größten Yin kaum mehr als solcher zu erkennen, so daß er ein Markenetikett braucht, um sich zu verkaufen. Wird er dann zu Hause aufgeblasen, entfaltet er sich zu seiner versprochenen Form, während er in seiner Yin-Form mehr als Möglichkeit und potentielles Angebot existiert. Sicher ist es deshalb für Frauen schwer zu akzeptieren, daß sie "von Natur aus" mehr auf Yin angelegt sind - zumindest von außen betrachtet. Und wir denken, daß die Frauen diesen Gang nach Canossa um der Anerkenntnis der chinesischen Weisheit willen gar nicht zu tun brauchen, weil ja alles im Fluß ist und die Zeiten sich verändern......"the times, they are changing!" (Bob Dylan).

Vollendung -

Nichts ist zu tun, nichts drängt:
Rot scheint die Sonne durch das Fenster im Osten. Ich schlafe.
Schweigend schau ich zehntausend Dinge,
Die alle leben durch sich.
Vier Zeiten des Jahres gelangen zur Reife,
So auch der Mensch.
Das Tao, jenseits der Formen,
Himmel und Erde durchdringt es.
Wind und Wolken betrachtend,
sehe ich die Wandlung......

(Ch'eng Hao)

DIE INNERE FAMILIE DES ORGANISMUS: DIE INSTINKTE FEIERN

Du fragst, warum ich
In den blauen Bergen weile.
Ich lächle, sage nichts,
Wahre im Herzen die Stille.
Pfirsichblüten treiben im Wasser
Hin zu dämmernden Fernen:
Himmel und Erde sind hier
Anders als in der Menschenwelt.

(Li T'ai-po)

In den folgenden Ausführungen wird noch besonders auf die den Elementen zugeordneten Organe eingegangen werden. Wir erleben ja heute bei uns im Westen ein Comeback der archaischen Religionsformen, die von außen als Animismus, Magie und Schamanismus beschrieben werden und sich nur dem als das, was sie wirklich sind, offenbaren, der sich auf seine eigene Erfahrung einläßt. In gewisser Weise ist dieses Buch also auch eine Einführung in Schamanismus und Hexerei.

Die Hexe - das ist die, die auf dem Zaun sitzt und sowohl in den Garten als auch in die Wildnis schaut. Sie ist die Schwellenreiterin, der Zaungast, zu Hause in den verschiedenen Bewußtseinswelten. Der Schamane ist wie die Hexe ein Bewußtseinsreisender, der es dank seines Wissens, seiner Achtsamkeit und - ! - seiner kollektiven Verankerung bzw. sozialen

Funktion vermag, immer wieder zurückzukehren in die alltägliche Bewußtseinswelt. Er hat die Fähigkeit, die Entschlossenheit und die körperliche Ausdauer, sich selbst in Zustände erhöhter Erregung zu versetzen, die es ihm ermöglichen, seine Bewußtseinszustände wie Radiosender einzustellen und Botschaften aus anderen Wirklichkeiten zu empfangen. Das Wichtigste am Schamanen ist seine selbst auferlegte Programmierung auf Rückkehr in die Gesellschaft und allgemeine Verständlichkeit, um die Botschaften zu überbringen und ihren Inhalt zu vermitteln. Der Magier zuletzt - wobei diese Bezeichnung eigentlich nur im Westen bzw. im Einzugsgebiet der Hochreligionen zu finden ist und auf eine eher negativen Bewertung des Machwerks=Teufelswerks schließen läßt - ist der "Macher" schlechthin, der Kybernetiker, der um die Steuerungsvorgänge weiß und sich als Steuermann, als Programmierer einsetzt, insofern er selbst auswählt und entscheidet, welche Programme er abrufen und welche er löschen möchte.

Ob wir jedoch es Hexentum, Schamanismus oder Magie zu nennen wünschen, eines haben diese Disziplinen gemeinsam: Sie orientieren sich an den autonomen Funktionen des Organismus, der mit seinen Mechanismen, Reflexen und Instinkten eine Art Urweisheit verkörpert. Was wir in Afrika bei den Medizinmännern lernen können - und natürlich auch anderswo, z.B. in der Schulung nach dem esoterischen Lehrer Gurdjeff - ist: Die Botschaften der Instinkte besser wahrzunehmen und höher einzuschätzen. Wie kommen wir, ein Produkt sogenannter vergeistigter und aufgeklärter Kultur, aber an dieses Körperwissen des Organismus wieder heran? Der erste Schritt besteht in einem hypothetischen Modell, das den einzelnen Organen und auch den Drüsen, den Hormonen, den verschiedenen Teilen des Gehirns ihre Bedeutung und Funktion zumißt und diese veranschaulicht. Hier jedoch soll Jo Wagner, Kennerin afrikanischer Magie, zu Worte kommen:

"Also, da ist ein Mensch. Er hat Augen und Ohren, eine Nase, etc. Das sind die Wächter, die Ausschau halten, was so passiert. Die Wächter melden durch eine Telefonleitung: das sind die Sinnesnerven. Die Sinnesnerven enden in einem Amt. Das Amt ist der hintere Teil des Cortex. Es beschäftigt viele Beamte. Der Beamte des Sehzentrums etwa nimmt auf, was der Wächter Auge meldet. Er registriert aber nur Farben und Formen. Nun sagt er aber zu seinem Mitarbeiter auf der anderen Seite des Schreibtisches (das ist das Zentrum zum Verständnis des Gesehenen): "Ich habe gerade Meldungen über die Farben und Formen bekommen. Sieh nach, was das ist." Der Mitarbeiter antwortet: "Ah, ich erkenne. Das ist ein Mensch - ein anderer Mensch. Ich werde die Beamten in den anderen Zentren fragen, ob es ein besonderer Mensch ist bzw. ob sein Erscheinen jetzt gerade eine besondere Bedeutung haben könnte." Nun startet der Mitarbeiter eine Rundfrage. Diese läuft durch Leitungen, welche die Zentren untereinander verbinden. Alle diese Leitungen liegen im weißen Hirnmark wie in einer großen Telefonzentrale. Von überall her kommt nun die Antwort: "Ja, den anderen Menschen, den kennen wir schon - das ist ein Schlägertyp!" Das meldet also der Beamte vom Sehzentrum seinem Boß. Der Boß sitzt nicht mehr in der Etage Neocortex. Der Boß sitzt in der Etage Diencephalon. Der Boß heißt Thalamus. Bei ihm gehen alle wichtigen Meldungen ein. Er nimmt Stellung zu den Meldungen, und er entscheidet letztlich darüber was gemacht wird und was nicht. Seine Handlungsmaxime: er will, daß es allen gut geht und der Körper überlebt. Das ist der Funktionskreis der Selbsterhaltungsinstinkte. Die Arterhaltungsinstinkte sind für das Überleben der Art, also für die Fortpflanzung zuständig. In einem

Körper von Geschöpfen, die in Gruppen und Gemeinschaften zusammen leben, kommt noch der Funktionskreis der Sozialinstinkte hinzu. In diesem Falle, beim Anblick des Schlägertyps, der Boß Thalamus gemeldet wird, reagiert der Boß zwiespältig: einerseits wittert der Selbsterhaltungsinstinkt Gefahr. Andrerseits tragen ihm die Sozialinstinkte auf, sich des gemeinsamen Wohles wegen der Verantwortung nicht zu entziehen und zu fliehen, sondern sich zu stellen und zu kämpfen. Boß Thalamus weiß, daß eine solche alarmierende Situation viel Kraft und Reaktionsfähigkeit braucht, vor allem wenn sie unklar ist, und deshalb befiehlt er seinen untergebenen Submanagern, den Körper auf Hochtouren zu bringen. Ein Submanager ist im Hypothalamus, der über zwei Leitungen verfügt, die zu den Körperorganen führen: 1. Das vegetative Nervensystem - auch autonomes Nervensystem genannt. Der Körper wird auf Tat, Wachsein, Aktion und Hochtouren gestellt, wenn der Hypothalamus die Leitung Sympathikus einstellt. Das Herz schlägt dann schneller, man wird hellwach, der Hunger meldet sich nicht, man schwitzt, um den Körper geschmeidiger zu machen und die Muskeln anzuwärmen, die Augen werden ganz groß, um alles sehen zu können, alle Kraftreserven, die der Körper aufgespart hat, werden frei gemacht. Wenn die alarmierende Situation bewältigt und vorüber ist, dann schaltet der Hypothalamus die zweite Leitung , den Parasympathicus, auch Vagus genannt, ein. Alles normalisiert sich wieder und fällt in den üblichen und altbewährten Trott. 2. Ein anderer Submanager des Thalamus ist die Hypophyse. Dieser benutzt nicht die Nervenleitungen, sondern wirft die Befehle in den Postkasten des Blutes. Und die Blutpost befördert sie dorthin, wo sie hingehören, das ist das endokrine oder hormonale System. Manche Botschaften gibt die Hypophyse auch direkt an die Organe weiter, z.B. an die Leber. Der sagt sie: "Gib allen Zucker und alles Fett frei ins Blut. Wir brauchen jetzt Kraft!" ... Manche Befehle allerdings kommen erst auf Nebenpostämter, das sind die verschiedenen Drüsen, also z.B. die Schilddrüse, oder die Nebennieren, die Adrenalin aufbauen, dem Blut mitgeben und an die Organe verteilen lassen. Andere solche Botschaften, Hormone genannt, lassen den Körper sich an Lebensumstände gewöhnen, für die er eigentlich nicht angepaßt ist, also Hitze, Kälte, Strahlen und Gifte, etc. 3. Der wichtigste Submanager des Thalamus aber ist der Cortex. Und zwar betrifft diese Abteilung nicht die Beamten, die die Sinneszentren verwalten, sondern diejenigen, die für die Ausführungen der Befehle von Boß Thalamus zuständig sind. So übernehmen z.B. die Beamten der Bewegungszentren die Aufgabe, Bewegungen auszuführen. Und diese Abteilung liegt in der Etage Neocortex.

Es ist merkwürdig, daß die Menschen, die ihr autonomes System cortical beherrschen konnten, primitiv genannt werden. Der Fortschritt durch die Zivilisation bringt eine Verkümmerung dieser überlebenswichtigen Fähigkeit: Weniger Gefahren, weniger Herausforderungen, und dennoch eine diffuse Alarmstimmung - das führt zu Streß. Der Cortex hat dabei die Aufgabe der Zensur: Das ist die corticale Zensur. Sie blockt nicht automatisch z.B. jedes Geräusch, das den Sinneszentren gemeldet wird, als unwichtig - uninteressant als Futterbeute und ungefährlich, als Hinweis auf Verfolgung - ab, sondern entscheidet, was überhaupt als wichtige Information in Frage kommt und somit bewußt wahrgenommen wird oder nicht. Instinktiv ist der Mensch, wie das Tier, mit seiner Umwelt verbunden. Die corticale Zensur aber wählt nur einen kleinen Teil der Informationen aus, die cortical, d.h. bewußt aufgenommen und verarbeitet werden sollen. Natürlich sind auch im modernen Menschen alle Instinkte noch vorhanden, wie dies vor Millionen Jahren der Fall war. Aber sie sind in der Etage des Diencephalon eingesperrt und haben nur noch ganz selten Zugang zum corticalen

Bewußtsein. Sie werden vielmehr, wenn sie aufsteigen und an die Bewußtseinsschwelle geraten, angenommen oder zurückgewiesen und in Gefühle verwandelt. Und selbst diese Gefühle dürfen nicht alle die Zensurstellen passieren. Sie müssen sich noch an etwas anpassen, was das Über-Ich genannt wird. Und wie entstehen diese geheimnisvollen und mächtigen Zensurstellen? Durch Assoziationen, also ein Zusammenspiel der durch das Hirnmark verbundenen Erlebniszentren. Diese Assoziationen, die durch Konditionierungen entstanden sind, "programmieren" dann unser Verhalten.

Oft denke ich, daß die Evolution die Zensur übertrieben hat. Würden wir unsere Angst und vegetative Belastung bewußt erleben, wir würden die Verhältnisse ändern und alles dazu tun, um gesunde, heilende Lebensbedingungen zu schaffen. Jedes Geschöpf will überleben: Das ist Instinktfunktion. Es ist entstanden im Diencephalon. Daher die verzweifelte Abwehr des weißen Mannes gegen die Ergebnisse seiner eigenen Wissenschaft. Von allen Seelen kennt er nur die sterbliche. Er wünscht so sehr, sie möge unsterblich sein, daß er die Einsicht in seine Instinkte, die ja Produkte seines sterblichen Zwischenhirns sind, ablehnt. Damit bleibt er ein Spielball der Instinkte. - Eine ziemlich bedenkliche Angelegenheit, wenn man an die rasante Entwicklung der Werkzeuge und Technik, (Produkte des Neocortex) denkt und das Maß an potentieller Selbstzerstörung betrachtet!" (vgl. J. Wagner, S. 15-36) Diese Veranschaulichung hilft uns vielleicht, wieder den inneren Dialog mit unseren Körperfunktionen aufzunehmen bzw. uns bewußt mit einzuschalten, denn diese Körperfunktionen, die instinktiv ablaufen, bestimmen unser Überleben und damit unser primäres Interesse. Alle Wünsche und alle Ängste lassen sich auf die Überlebensinstinkte zurückführen. Was heil macht, ist uns heilig geworden. Was nicht hilft ist nicht unheilig, sondern einfach unwichtig - es fällt nicht mehr ins Gewicht. Es fällt ab wie eine alte Haut.

Wildnis. Die Sonne sinkt,
Vom Pferde steige ich ab.
Durch die Stille dringt
Wassermurmeln im Gestein.
Vögel singen, Blüten fallen,
Von Menschen keine Spur,
Vor meinem einsamen Fenster
Ein Vorhang weißer Wolken.

(Ch'üan Te-yü)

Wann immer ich mich um Heilung bemühe, frage ich mich: "Was macht mich ganz? Was fehlt mir dazu?" Ich konzentriere mich schon auf die heilmachende Ganzheit. Dabei helfen mir die Instinkte, die sich aus den Tiefen meines zivilisierten Unbewußten melden, sobald sie sich wertgeschätzt fühlen. So lange sie wie minderwertige "tierische" Wesen behandelt werden, verbergen sie sich und warten auf ihre Zeit. Ihre beste Zeit ist der Schock, das schockhafte Erwachen. Dann wird ihre Rückkehr als Geistesgegenwart gefeiert, und wenn es nicht anders geht, warten sie eben auf diese Gelegenheit, um ihren Wert zu beweisen. Was wir tun können, um der Endlösung Schock zuvorzukommen, ist deshalb dieses: wir feiern Feste für unsere Instinkte, für unseren Körper, für seine Weisheit, für den Organismus in seiner ganzheitlichen Funktionstüchtigkeit. Wir anerkennen seinen Wert und seine Würde. Wir lassen ihn hoch leben und bieten ihm durch diese festliche Erhöhung seines Erregungspegels mal wieder die Möglichkeit, aus dem Gewohnheitstrott herauszufallen und ekstatisch (Ekstase von altgriechisch: Herausstehen) sich einzulassen auf eine Ausnahmesituation, die rituell abgegrenzt, gestaltet und in ihrer sozialen Funktion gewürdigt wird.

PSYCHOLOGIE DER FÜNF ELEMENTE

Wir wenden uns nun dem Modell der chinesischen fünf Wandlungsstufen zu. In der chinesischen Medizin hat es immer den Zusammenhang zwischen Körper, Psyche und Geist gegeben. Und das Yin- und Yangkonzept war immer von Bedeutung, andrerseits auch die fünf Wandlungsstufen, die am Anfang unabhängig voneinander existierten. Erst im Nei Jing wurden sie verschmolzen und miteinander kombiniert. In einigen Teilen des Nei Jing gibt es aber auch Ungereimtheiten, wie in bestimmten Kapiteln von Su Wen, in dem es verschiedene Einteilungen für die fünf Geschmäcker gibt. Im Laufe der klinischen Anwendung wurden sie aber vereinheitlicht und es gibt heute mehr oder minder nur mehr eine sogenannte orthodoxe Fassung der Zuordnungen. Das Wesentliche an dieser Theorie ist, daß dieses Modell bis heute existiert und in der Medizin praktisch angewandt wird.

Die Zuordnungen zu den fünf Wandlungsstufen beziehen sich auf die den Menschen umgebende Umwelt, als auch auf alle Ebenen innerhalb des Menschen. Das sind die organischen, energetischen, psychischen und geistigen Ebenen. Hier an dieser Stelle werden wir nur die Zusammenhänge der Organkreisläufe und der Hauptemotionen darstellen.

Wie kam es nun zu den Zuordnungen von Krankheit, Emotionen und Elementen? Durch Beobachtungen wurde erkannt, daß bestimmte Organe, wenn sie aus dem Gleichgewicht sind, zu ganz bestimmten emotionalen Zuständen führen. Leberfülle führt zu Wut und Zorn oder Nierenschwäche zu ängstlichem oder depressivem Verhalten. In der umgekehrten Richtung, wenn bestimmte Emotionen vorherrschen und ein Mensch immer wieder sehr zornig wird, wird langfristig auch seine Leber geschädigt. So entsteht ein Kreislauf, aus dem man sehr schwer herauskommt, weil ein geschädigtes Organ die Emotionen verstärkt und diese Emotionen wiederum das Organ schädigen. Diese Krankheit kann sich aber auch weiterentwickeln, denn das aufsteigende Leber-Qi wird später auch die Herzfunktion stören und aus dem Gleichgewicht bringen.

Die chinesischen Schriftzeichen selbst geben auch Hinweise auf die Verbindungen zu Emotionen. Wenn man sich das Wort GAN anschaut: GAN steht für Leber und für Leberfeuer gibt es das Wort GAN HUO, das mit Reizbarkeit und Jähzorn übersetzt wird. Ein anderes Beispiel: Für Herz ist es das Wort XIN oder auch XIN ZANG, das heißt Sinn, Gefühl, Zentrum, oder Verbindung von XIN SHEN, das heißt übersetzt Gemütszustand und setzt sich aus den Zeichen für Herz und Geist zusammen. Dieses Zeichen ist ein wichtiges Wort, um das typische chinesische Denken zu zeigen, indem Herz und Geist nicht zu trennen sind.

Auch in diesem Modell ist es natürlich nicht so, daß eine Emotion nur zu einer bestimmten Krankheit führen kann, sondern daß sich Krankheitsbilder verändern, einen Ursprung haben, einen Weg nehmen. Die chinesische Medizin und die Fünf-Wandlungsstufen-Theorie kennt viele Möglichkeiten der Weiterentwicklung einer Krankheit. Die Primärzusammenhänge sind immer nur ein Ausgangspunkt oder ein Teilbereich aller Möglichkeiten. Es ist ganz wichtig, sich immer wieder zu vergegenwärtigen, daß dieses Modell nicht statisch ist, sondern dynamisch. Eine Emotion wirkt eben nicht nur auf ein Element. Ein Fülle- oder Leerezustand kann sich im Laufe der Zeit weiterentwickeln und die Krankheit verschlimmern, indem das nächste oder übernächste Element beeinflußt wird. Die zwei wichtigsten Funktionskreisläufe sind der Ernährungszyklus (Abb. 1) und der Kontrollzyklus (Abb. 2, siehe Kapitel Kontrollzyklus).

Nun eine Kurzbeschreibung der wichtigsten Elemente: Holz steht für Leber und Gallenblase, die Hauptemotionen sind Wut, Zorn und Kreativität. Feuer steht für Herz, Dünndarm (Pericard, dreifacher Erwärmer), die Hauptemotionen sind Hysterie, Begierde und Freude. Erde steht für Milz und Magen, Hauptemotionen sind Grübeln, Besessenheitsdenken und konzentrative Gelassenheit, Ruhe. Metall steht für Lunge und Dickdarm, Hauptemotionen sind Trauer und Mitgefühl. Wasser steht für Nieren und Blase, die Hauptemotionen sind Angst, Mut und Urvertrauen.

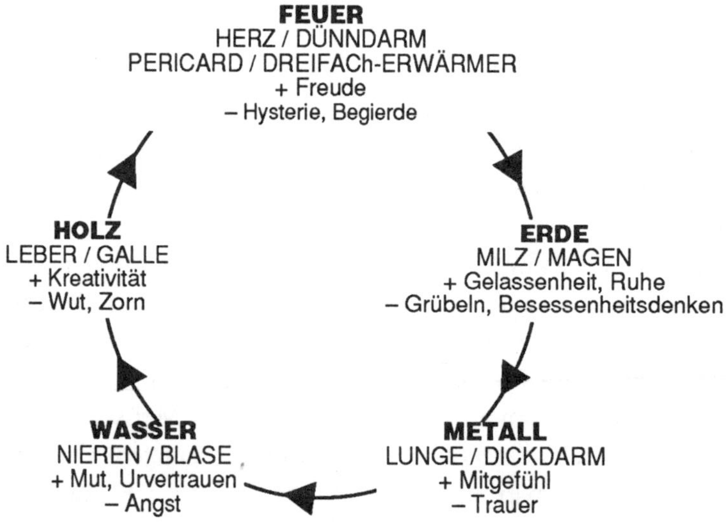

Abb. 1

Holz ernährt, unterstützt Feuer
Feuer ernährt, wird zu Erde
Erde ernährt, verdichtet zu Metall
Metall ernährt, verflüssigt sich zu Wasser
Wasser ernährt, unterstützt Holz.

> Minusemotionen oder auch Emotionen im “erlösten Zustand” und “nicht erlösten Zustand”<. Diese Bezeichnungen werden wir auch weiterhin beibehalten. Im buddhistischen Sinne könnte man vielleicht auch von erleuchtetem und nicht erleuchtetem Zustand sprechen. Im Westen führen diese Bezeichnungen oft zu Mißverständnissen, aber - obwohl die Begriffe “erlöst” und “nicht erlöst” christlich besetzt sind, wollen wir sie trotzdem verwenden.

Der nicht erlöste Zustand von Holz führt neben Wut und Zorn zu Frustration, Enttäuschung, manches Mal zu Schlaflosigkeit, Spannungen im Hals- und Brustbereich und im Unterleib und er hemmt Qi und Blut im Körper. Der erlöste Zustand ist Planung, Kreativität, Entfaltung.

Feuer hat insofern eine Sonderstellung, da es den chinesischen Begriff SHEN gibt, der ausdrückt, daß SHEN über allen anderen Emotionen steht und sie verändert und beeinflußt. Ein unerlöster Zustand bedeutet Begierde, Hysterie, Überfunktion, Unruhe, Stotterei, keine Sache zu Ende führen. Die erlöste Form ist Freude aus Erkenntnis, Lachen, Liebe, Zuwendung, Begeisterung, das ist auch ein Mensch, der eine charismatische Ausstrahlung hat und andere mit seinen Ideen mitreißen kann.

LEBERSTAU: "Es ist zum Aus-der-Haut-fahren", "Ich könnte ihm eine knallen, aber nicht jetzt und außerdem darf ich nicht..."

LEBERHITZE: "GRRRRRR, Ich könnte in die Luft gehen", "Ich explodiere gleich"

HERZFEUER: "Das ist ganz toll, einfach wunderbar, noch die Baupläne durchschauen, zum Konzert gehen, einen Flug nach New York buchen, und das Kind müßte eigentlich schon auf der Welt sein..."

SCHLEIMHITZE: "Wie war das doch gleich? O Gott, O Gott! Ist das alles anstrengend, immer dieser Zeitdruck, ich bin völlig überfordert, komme nie zu mir selbst..."

MAGENFEUER: "Ich hab schon wieder Hunger und habe doch gerade erst ein siebengängiges Menü beim Galaempfang verdrückt. Eigentlich bin ich voll..."

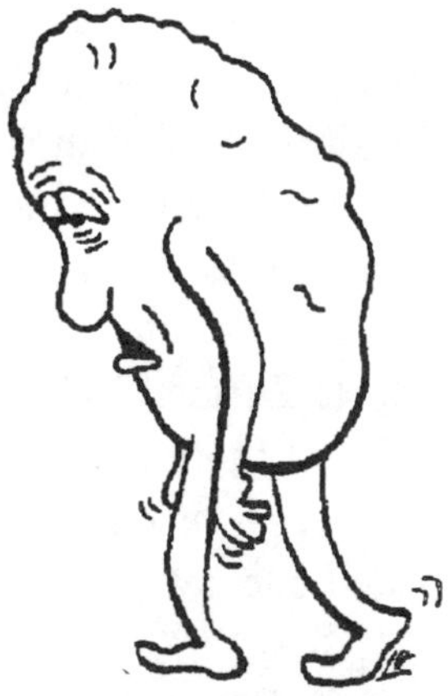

MILZSCHWÄCHE: "Ich bin sooo müde, außerdem weiß ich gar nicht, um was es eigentlich geht, ist mir auch egal, und überhaupt..."

LUNGENTROCKENHEIT: (hüstelt) "Das Wetter ist heute mal wieder grausam, mein Asthma macht mir zu schaffen", (seufzt)," ich bin einfach schwach auf der Brust - und dann immer dies Leute, die was von einem wollen..."

LUNGENSCHLEIM: "Schnief, wie fühle ich mich am Boden", (mit leiser Stimme), "ich fühle mich derzeit gar nicht gut."

BLASENSCHWÄCHE: "Ich weiß auch nicht, was mit mir los ist, ich muß immer rennen, ich habe das Gefühl, ich laufe aus, meine Füße sind auch immer kalt..."

NIERENQILEERE: "Es ist alles so sinnlos, ich bin schon ganz depressiv, und der läßt auch nicht mehr von sich hören, niemand denkt an mich. Und diese ewige Kälte, hört denn das nie auf?"

Erde: Der unerlöste Zustand ist Besessenheit, Grübeln, immer wieder dasselbe denken, zwanghaftes Verhalten. Das Grübeln führt zu gestauter Energie, zu Stagnation im Körper. Der erlöste Zustand ist vor allem Gelassenheit, konzentriert sein, auch die Bereitschaft, für andere da zu sein, Fürsorge und in gewisser Weise auch der mütterliche Aspekt. Wie wir später sehen werden, wirkt die Erde integrierend und wird auch als Mittler zwischen den Übergängen der Elemente bezeichnet.

Metall: Der unerlöste Zustand ist Trauer und Sorge um die Zukunft. Es entspricht einem totalen Qi-Verlust. Diese Emotionen binden die Zeit, es klebt, diese Menschen sind auch extrem unfallgefährdet. Der erlöste Zustand ist Mitgefühl, Gerechtigkeit und Gesetzmäßigkeit. Auf körperlicher Ebene bedeutet das, eine gute Immunität zu besitzen.

Wasser: Der unerlöste Zustand ist Angst und Unsicherheit. Er führt oft zu depressiven Stimmungen und einer Schädigung des Nieren-Qi, wodurch oft ein Kältegefühl bei diesen Menschen entsteht. Der erlöste Zustand ist Wille, Mut, Entscheidungskraft, Verwegenheit und auch Urvertrauen. Die Nieren sind auch mit dem sogenannten JING, der Grundessenz des Menschen verbunden, die er bei seiner Geburt mitbekommen hat. Wenn das Qi im allgemeinen, aber speziell das Nieren-Qi sehr schwach ist, wird von dieser Grundsubstanz sehr viel verbraucht und verkürzt die Lebensspanne des Menschen.

FESTEMANAGEMENT

Um bei einem großen Fest alles vorbereiten , planen und durchführen zu können, braucht man natürlich bestimmte Fähigkeiten, damit es auch einen glücklichen Abschluß findet. Wenn man sich die fünf Wandlungsstufen mit ihren fünf Hauptemotionen ansieht, kommt man zu folgenden Funktionszusammenhängen, die für ein Gelingen, bzw. für ein Festemanagement gute Richtlinien abgeben:

Nach der traditionellen chinesischen Medizin sind jeder Wandlungsstufe zwei Organe, ein Yin-Organ und ein Yang-Organ zugeordnet. Wir fangen wieder mit Holz an. Die Leber wird als der Planer, der Stratege bezeichnet, der kreativ arbeiten kann und viele, viele Ideen hat. Dazu braucht er einen Verwirklicher, die Gallenblase, der für ein großes Fest das notwendige Personal aufstellt.

Das Feuer hat insgesamt vier Organe, bzw. vier Funktionskreise: Herz, Dünndarm, Herzbeutel (Kreislauf) und Dreifacher Erwärmer. Das Herz ist das sogenannte Kaiserorgan und steht für Begeisterung und Freude. Diese Emotionen sind wichtig, um überhaupt ein Fest feiern zu können und alle anderen zu motivieren, mitzumachen. Von der Funktion her ist es der Innovative, der immer forscht und für neue Ideen offen ist. Der Herzbeutel oder das Pericard ist sein Stellvertreter und hat die Aufgabe, das Herz zu beschützen, und auch alle Informationen zu filtern, um das Herz zu entlasten. Der Dünndarm ist für den Einkauf und für die Verteilung der Güter zu den entsprechenden Stellen zuständig. Der Dreifache Erwärmer wird in der chinesischen Medizin auch als Außenminister bezeichnet. Er ist für das Image dieses Festes zuständig, für die PR-Arbeit.

Nun kommen wir zur Erde. Die Milz wird traditionell als Minister für die Energiegewinnung bezeichnet. Sie ist für die gesamte interne Koordination und auch für die Motivation der Mitarbeiter zuständig. Die Milz ist praktisch der Festekoordinator. Der Magen wird als städtischer Marktplatz bezeichnet. Im Zusammenhang mit dem Einkauf ist er für die Verarbeitung der Güter zuständig und auch dafür, daß alles im Überfluß vorhanden ist.

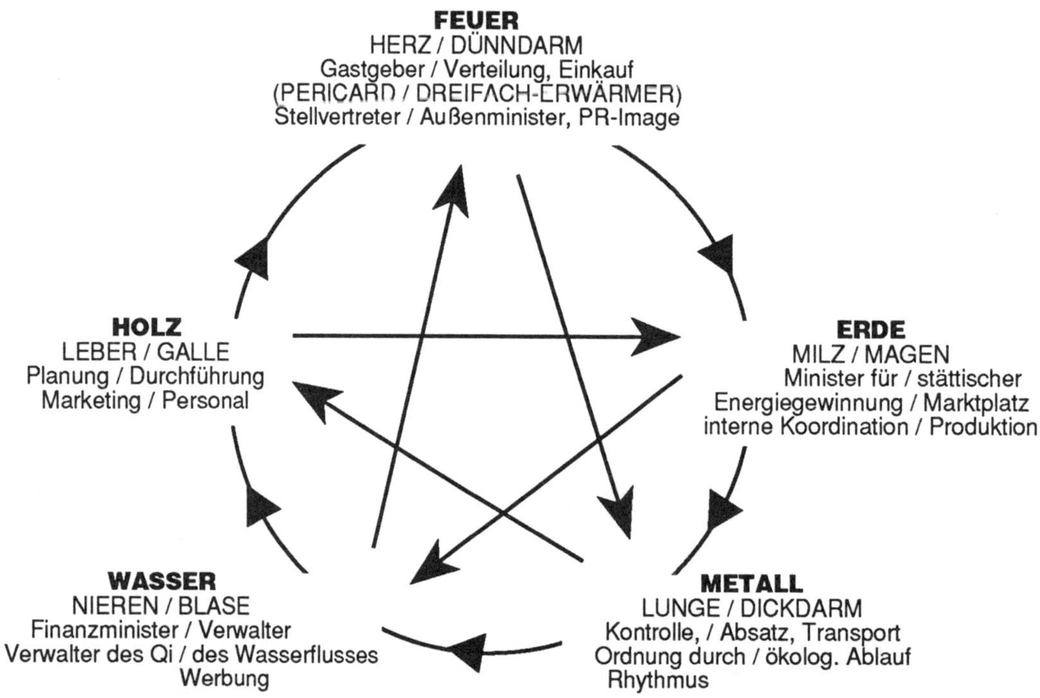

Metall: Die Lunge steht für Kontrolle, bzw. Ordnung durch Rhythmus. Der Lunge obliegt es, den Fortgang des Festes zu betreuen und den Rhythmus und die Stimmung positiv zu beeinflußen. Sie muß schon vor dem Fest dafür sorgen, daß alles seine Ordnung hat, daß die Auswahl der Gäste richtig ist, und daß es zu keinem sogenannten "Hänger" kommt. Der Dickdarm wird als Müllabfuhr und Transporter bezeichnet. Er ist auch für die Verwertung der Reste und für das Ende des Festes zuständig und dafür verantwortlich, daß alles nach ökologischen Gesichtspunkten wieder gereinigt und zu einem Ende gebracht wird.

Wasser: Nach der Tradition sind die Nieren der Verwalter der Lebensenergie. Sie erstellen einen Finanzplan und eine Kostenrechnung, denn jedes große Fest muß auch finanziert werden. Die Blase ist der Oberkontrolleur des Wasserhaushaltes. Sie übernimmt auch die Werbung für das Fest und sorgt dafür, daß genügend Gäste kommen.

Dieses Festemanagement wird uns noch im zweiten Teil begegnen, aber schon hier sei darauf hingewiesen, daß ein Organ, unabhängig von den anderen, kein Fest gestalten kann. Der Gastgeber, unser Herzkaiser ist abhängig von den Nieren, die die Finanzierung planen, genauso wie die Leber von unserer Lunge abhängig ist. Das heißt, der Zusammenhang ist sowohl im Kontrollzyklus als auch im Ernährungszyklus vorhanden.

KONTROLLZYKLUS

Eine zusätzliche Anregung für die Feste und ihre möglichen Spielarten stellt der Kontrollzyklus dar, wobei dieser bei unserer Festbeschreibung im Teil 2 nicht angewendet wurde.

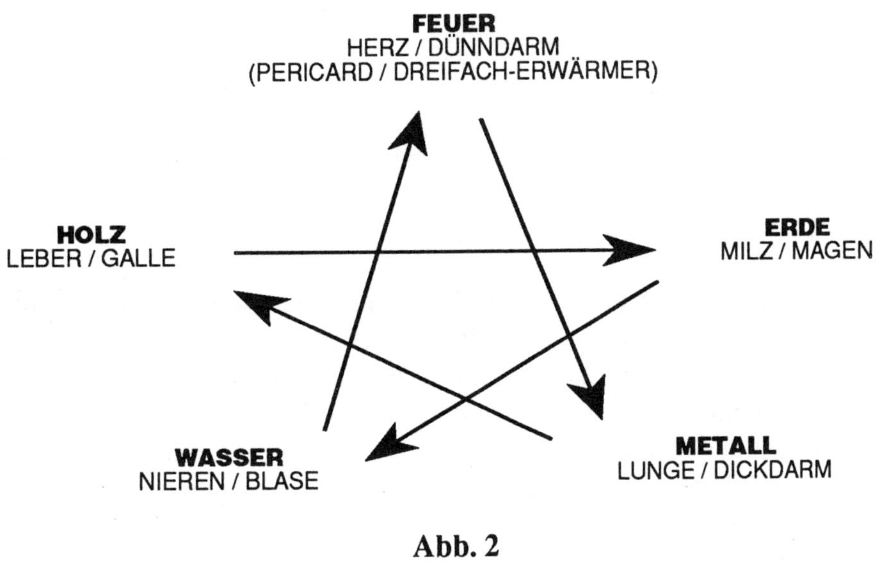

Abb. 2

Wasser löscht Feuer,
Feuer schmilzt Metall,
Metall schneidet Holz,
Holz durchdringt die Erde,
Erde absorbiert Wasser.

Der Kontrollzyklus dient dazu, daß das System der fünf Elemente nicht aus dem Gleichgewicht kommt, und daß vor allem keine Überfunktionen entstehen. Für die Emotionen ist dieser Kontrollzyklus deshalb von besonderer Bedeutung, weil man mit dem sogenannten erlösten Zustand, z.B. des Holzelements, den unerlösten Zustand des Erdelements beeinflussen und verändern kann. Kurz dargestellt: Holz, für Kreativität, beeinflußt den unerlösten Zustand Erde, Grübeln, Besessenheitsdenken. Der erlöste Zustand der Erde, Ruhe und Gelassenheit, beeinflußt den unerlösten Zustand Wasser, Angst, Depression. Der erlöste Zustand Wasser, Mut und Urvertrauen, beeinflußt den unerlösten Zustand Feuer, Hysterie und Begierde. Der erlöste Zustand Feuer, Freude, beeinflußt den unerlösten Zustand Metall, Trauer, Sorge um die Zukunft. Der erlöste Zustand Metall, Mitgefühl, beeinflußt den unerlösten Zustand von Holz, Wut und Zorn. Dieser Zusammenhang ist ganz wesentlich für den "therapeutischen" Ansatz der Feste; das heißt ein Holzfest kann nicht nur dazu verwendet werden, im Frühling Wut und Zorn zu kanalisieren und durch Kreativität ausleben zu lassen, sondern auch um den unerlösten Erdezustand bei Menschen zu beeinflußen.

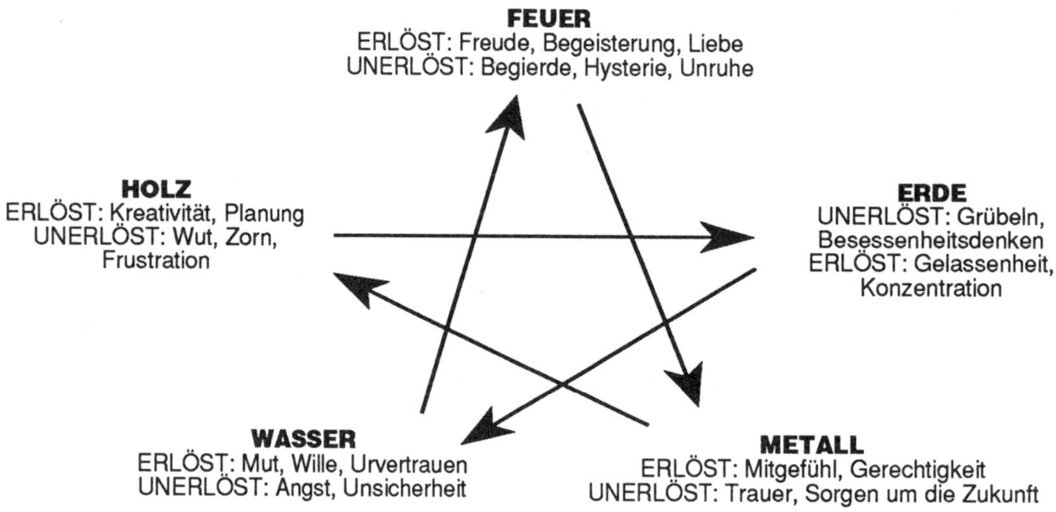

Abb. 3

Natürlich bedeutet das nicht, daß ein Mensch nur eine Hauptemotion repräsentiert. Jeder Mensch hat alle Emotionen, aber die Schwerpunkte verändern sich im Laufe seines Lebens. Die Fragen im Teil 2 sollen eine Hilfestellung geben, erkennen zu können, zu welchen Gefühlsebenen man mehr Bezug hat und wo die Hauptrichtung jetzt liegen könnte. Wie wir aus allen Psychotherapiemethoden wissen, kann ein bestimmtes emotionales Muster nicht innerhalb einer Nacht oder eines Tages verändert werden, sondern es ist ein langwieriger Prozeß, der durch dieses Fest erst einmal in Bewegung gesetzt wird. Wichtig erscheint uns, daß dieses Fest auf sehr vielen verschiedenen Ebenen abläuft. In erster Linie werden die Sinnesebenen angesprochen, aber auch auf der körperlichen Ebene, wo an Hand von Trancen, Tänzen und Bewegungsmustern unbewußt verschiedene neue Muster geübt oder überhaupt erst zugelassen werden können.

Hier sei nochmals darauf hingewiesen, daß wir im zweiten Teil des Buches das Feuerfest, als Feuerfest beschreiben und nicht im Sinne des Kontrollzyklus verwenden. Es findet im Sommer statt und die beiden Hauptaspekte des Elementes - sowohl Begierde und Hysterie, als auch Freude und Begeisterung - werden gefeiert. Eine genaue Beschreibung erfolgt im folgenden Kapitel. Die Anwendung der Feste im Kontrollzyklus wird im Kapitel "Spielanweisungen mit Masken und Metaphern" (S. 56) erläutert.

HEILUNG DURCH DAS SPIEL
MIT METAPHERN UND MASKEN

Metapher: Übertragener, bildlicher Ausdruck, Bild, Sinnbild. Das Wort leitet sich von dem altgriechischen Verb "meta-pherein" ab, das soviel wie "anderswohin tragen, übertragen" bedeutet. Metaphern übertragen einen Sinn, der nicht eindeutig und direkt, sondern komplex und ganzheitlich , und deswegen bildhaft Gestalt annimmt. Bilder vermitteln einen sofortigen, direkten und ganzheitlichen Eindruck. Das linear-kausale Denken ist aufgehoben und ein anderes Denken in Bildern setzt ein. Das Denken in Bildern geht viel schneller und beherrscht in zunehmenden Maße die Organisation unseres modernen Lebensstils - z.B. im Straßenverkehr. Straßenschilder vermitteln in Bildern ihren Sinn und signalisieren damit sofort und direkt, ohne Wenn und Aber das, was sie signalisieren sollen. Die kausale Logik des Wenn- Dann und die Linearität des Eins-nach-dem-Andern ist nicht gefragt: Argumentationen sind im Straßenverkehr nicht angebracht. Wiederholte Erfahrungen finden Ausdruck in einem Bild, das diese Erfahrungen generalisiert und darauf hinweist, davor warnt, bestimmte Abläufe regelt. Der Einzelfall mag anders verlaufen, aber das Bild gibt einen gemeinsamen Nenner aller möglichen Einzelfälle an und faßt sie zusammen: Das Bild ist in gewissem Sinn abstrakt, insofern es von dem konkreten Einzelfall abgelöst ist, und es ist konkret, insofern es so dicht und zu einer Form zusammengewachsen ist (konkret von concrescere, zusammenwachsen), daß es greifbar wird. Und somit ist die Metapher eine Art Zwischenschaltung zwischen Abstrakt und Konkret, eine Vermittlung zwischen den beiden Ebenen des Sinnes, der Ebene, die sich durch die Sinne ergibt, und der Ebene, die sich kombinatorisch den Sinn erdenkt. In der Literatur ist die Metapher deshalb oft dann verwendet worden, wenn die logisch-lineare und kausale Sprache den Menschen nicht wirklich erreicht, während ein Bild, eben ein Sinnbild ihm sofort ein ganzheitliches und körperliches Signal gibt.

In der Psychotherapie arbeiten wir mit Metaphern, die körperliche Ausdrucksgestalten sind und solche markieren. Wir sprechen von Körpermetaphern und setzen sie einerseits zur Diagnostik, andrerseits zur Bewußtwerdung und Integration ein. So etwa können für psychosomatische Störungen Metaphern gefunden werden, die dann ausagiert und in ihrer Dynamik bewußt gemacht werden. Das geht soweit, daß "der Druck auf den Magen" oder "das Brett vor dem Kopf" nicht nur als verbale Sinnbilder aus dem diffusen Kontext ganzheitlicher Zusammenhänge herausgesetzt werden, sondern in ihrem spezifischen Ausdruck begriffen und verstanden, personifiziert, persönlich angesprochen, zu einer Anhörung einladen und für den Zweck des therapeutischen Lebenstheaters (wie etwa im Psychodrama) mit einer Maske versehen werden.

Übrigens - kein Angst. Eine solche Maske, wie wir sie verwenden, ist in kürzester Zeit erstellt: Alles, was gebraucht wird, ist ein größeres Stück Papier, das mit zwei Farbstiften für jede Hand spontan und ohne künstlerischen Anspruch bemalt wird, auf ein Stück Pappe aufgeklebt und mittels eines Gummibands um den Kopf befestigt wird. Eine Schuhschachtel hat erfahrungsgemäß genau die richtige Paßform für eine Gesichtsmaske. Die Maske kann dann selbst getragen und im Spiegel betrachtet, oder auch einem Partner übergeben und in der Choreografie eines schnell skizzierten Maskentanzes übertragen werden. Auch bei dem Maskentanz gilt es, möglichst umkompliziert, schnell und spontan vorzugehen. Die Maske wird angewiesen, sich in einer bestimmten Weise zu bewegen. Alles andere entsteht dann durch die Dynamik der Masken in Interaktion mit dem erkennenden und sich bewußtwerdenden Ich von selbst. Es empfiehlt sich, Photos oder Videos von diesen Spontan-Aktionen zu machen - oft stellen sie den Keim größerer Projekte dar und sind der lebendige, verkörperte Ausdruck unserer natürlichen Schaffensfreude und Schöpferkraft.

Das Arbeiten mit Metaphern und Masken eignet sich besonders gut für das Fünf-Stufenmodell, das wir für uns und in der Therapie als ein Spielangebot verwenden möchten, da die fünf Elemente etwa mit ihren zugeordneten Organen eine wunderbare Möglichkeit geben, in persönlichen Kontakt z.B. mit den Organen zu kommen. Wir können aber auch bestimmte Gefühle und Ich-Anteile in uns kontaktieren - mit unserer Wut, unserer Kreativität, unserer ekstatischen Freude und maßlosen Überschwenglichkeit, mit unserem Hang zum Grübeln und unserer Fähigkeit zur Sammlung, mit unserer Trauer, unserem Gleichmut, unserem möglichen Mitgefühl, mit unserer Angst und unserem Urvertrauen in Kontakt kommen. Mit solchen Masken zu arbeiten gibt uns die Möglichkeit eines therapeutischen Vorgehens, das einerseits Kontakt schafft und assoziativ neue Verbindungen eingeht, andrerseits auch dissoziativ, durch die Zwischenschaltung der Maske, zur Distanz verhilft. Das ist insbesondere bei festgefahrenen Gefühlen, die mehr vorgefaßten Meinungen ähneln als reale und sinnliche Körperempfindungen sind, von großer Wichtigkeit, wenn es darum geht, Symptome, Probleme, Schmerzen, Traumata und Konflikte neu und unvoreingenommen anzugehen.

Über innovative Assoziation und distanzierende Dissoziation hinaus bietet das Arbeiten mit Masken und Metaphern noch den großen Vorteil, ohne verbale Argumentationen und Überzeugungskampagnen dem Menschen das Erleben von frei fließender Energie und somit eine Erfahrung jenseits des wertenden und fixierenden Dualismus, jenseits von Trennung und

Aufspaltung in Polaritäten, in scheinbar unvereinbare Gegensätze und Extreme, und damit jenseits unseres normalen und genormten Alltagsbewußtseins, zu vermitteln. Metaphern und Masken machen bewußt, was sie wirklich sind: Sie sind ein wichtiger Teil der Persönlichkeit, der Person und Persona (von dem lateinischen Verb per-sonare, hindurch klingen. Persona ist im Lateinischen auch die Rolle, Maske des Schauspielers.), aber sie sind nur ein Aspekt, nur eine Perspektive, sie vertreten einen der vielen möglichen Standpunkte auf der Peripherie des Kreislaufs zu einem bestimmten Zeitpunkt, aber sie sind nicht alles - eben nur ein Teil. Was durch die Maske der Persona hindurch klingt, ist die unpersönliche, überpersönliche Kraft, aus der sich alles Leben nährt. Die Masken können uns also helfen, ein kosmisches Bewußtsein auf Grund unserer eigenen Erfahrung zu entwickeln und nicht mehr abhängig zu sein von Heilslehren und Erlösungsideologien, bei denen wir "dran glauben müssen."

Wir bewirken selbst unsere Erlösung, indem wir hinhorchen auf den großen Zusammenhang des eigenen Rhyhthmus, der ganz persönlichen Melodie , der zusammenschwingenden Harmonie, auf ganzheitliche Zusammenhänge, auf unsere ungeliebten und verdrängten Schattenanteile, die unerlösten Seelenanteile.Wir können sie in uns entdecken und "mit den Augen der Liebe" in ihnen unsere brachliegenden Möglichkeiten, Kräfte und unerschöpflichen Quellen der Inspiration, unsere Ressourcen sehen.

Eros wird der Weltenbeweger genannt, und aus eigener Erfahrung wissen wir vielleicht, was es bewirken mag, von einem anderen Menschen ganz angenommen zu werden, ohne Wenn und Aber, ohne Vorbedingungen, und wir erinnern uns vielleicht an diese Erfahrung, wieder ins Fließen zu kommen, uns angeschlossen zu fühlen an den großen Fluß des Lebens. Leider ist der Zauber des Verliebtseins in die Kategorie des Irrationalen verwiesen worden, und die wirkliche Selbstliebe, geschweige die wahre Nächstenliebe, ist nur wenigen tatsächlich als heilende Erfahrung widerfahren. Aber auch aus den Märchen wissen wir, daß es immer wieder die Liebe ist, die die Wandlung herbeiführt. Es muß sich also um eine uralte menschliche Erfahrung handeln. Die Liebe ist das große dynamische Prinzip, das die Erstarrung immer wieder besiegt. Und wenn uns die Erfahrung des Geliebtwerdens von Außen nicht zukommt,(was meist der Fall ist), so ist es an der Zeit, von Innen her diese Erfahrung aufzubauen und durch Denken in uns zu verankern, so daß sie sich in uns verkörpert und verwirklicht und so auf das Außen einwirkt, welches dann im Wechsel wieder zurückwirkt und eine neue Wirklichkeit bestätigt.

Um nicht falsche Vorstellungen über die Erlösungskraft der Liebe aufkommen zu lassen, sei darauf hingewiesen, daß der unerlöste Zustand ein Zustand der Fixierung und Abspaltung, der Ablehnung, Verweigerung, Abwertung und Verdrängung ist, der sich letztlich durch Selbstverachtung als ein Zustand der Lieblosigkeit ausweist. Liebe, die nur einige Anteile eines Menschen annimmt, während sie andere nicht sehen will (und deshalb die rose Brille aufsetzt) oder diese ungeliebten Anteile wegmachen will (und im Namen der Liebe die Anpassung des geliebten Menschen an die eigenen Vorstellungen einfordert), ist keine Liebe, sondern eine Anmaßung, ist unrechtmäßiger Anspruch auf Vereinnahmung und Besitz, ist Machtgier. Die Rollen von Opfer und Täter werden vertauscht. So entsteht Abhängigkeit. Weder von Hörigkeit, noch von unwiderstehlichen Verführungskünsten soll jedoch hier die

Rede sein. Liebe ist hier gemeint als das Annehmen der Ganzheit. Und zunächst geht es dabei immer um die Liebe zu uns selbst, das Annehmen unserer selbst.

Das Spiel mit Metaphern und Masken ist dabei denkbar gut geeignet, sich an dieses Erlösungs-Wirken heranzutasten - vor allem zunächst, weil es eben ein Spiel ist und die experimentelle Offenheit und Gelassenheit des Tun-als-ob eine Leichtigkeit mit sich bringt, die im "Ernstfall " des alltäglichen Lebens sich nicht so schnell einstellt. Die Schwere des Gemüts bzw. die Schwierigkeit, durch Erlösungsdenken sich und sein Leben von Grund auf zu verwandeln, liegt daran, daß all die Konditionierungen, die aus reinem Überlebenswillen, um der sozialen Anerkennung und der realen Existenzsorgen halber, uns in einer bestimmten Art geprägt haben, lange Schatten werfen und einen unendlichen Ballast der Gewohnheiten geformt haben. Diesen Ballast über Bord zu werfen und sich neu zu erfahren , das fordert Mut. Im Spiel fordert es von uns zwar, "sich ein Herz zu fassen" und Widerstände in uns zu überwinden, aber dennoch bietet der beschützte und begrenzte Rahmen des Spielens eine gute Gelegenheit, die Initiative zu ergreifen und mit dem Neuen anzufangen. Dabei zeigt es sich, wahrscheinlich wider Erwarten, daß das Neue das Alte ist - nur in erlöster Form. Das Neue ist also nicht das ganz andere, das wir uns anerziehen müssen, sondern es ist immer schon da und uralt, unser Ureigenstes, was jetzt zu Tage und ins Bewußtsein treten darf.

In der nun folgenden Aufstellung wurden für je ein Element je zwei Metaphern und je zwei Masken-Entwürfe aus der Vielzahl der Fallstudien und Protokolle unserer Workshops ausgewählt. Die eine Seite ist die "unerlöste" Seite des Elements, die uns meist im Alltag Probleme macht und uns daran hindert, reibungslos unsere Aufgaben zu bewältigen. Die "unerlöste" Seite ist jedoch Gold wert, weil sie gerade durch ihr Verhindern eines reibungslosen Funktionierens uns darauf hinweist, welche Fähigkeiten und Kräfte in uns, eben unerlöst schlummern und darauf warten als Ressourcen erkannt und als Talente vermehrt zu werden. Nehmen wir das Beispiel der Wut. Menschen, die zu Wutausbrüchen neigen, haben bekanntlich im Berufsleben ihre liebe Mühe damit . Die Wut als solche nun " wegmachen" zu wollen, käme einer freiwilligen Amputation gleich. Wird aber ein bewußter und demokratischer Kontakt, d.h. ein Kontakt auf der Basis von Gleichberechtigung mit dem Wut-Anteil geschaffen , so mag sich plötzlich, mühelos und selbstverständlich jenes Wunder der Transformation ergeben, das aus Wut Kreativität werden läßt und den Inhaber einer solchen Kraft beschwingt und bereichert, anstatt ihm das Leben zu vergällen.

METAPHERN UND MASKEN FÜR DIE FÜNF ELEMENTE

EINLEITENDES

Die Sätze sind mit Absicht nicht ausformuliert worden, da sie die Aufmerksamkeit des Lesers eher spot-light-artig auf die eine oder andere Form des Charakterzugs richten sollen. Die Vorstellung darüber, was erlöste und unerlöste Bewußtseinszustände sein sollen oder können, ist weit davon entfernt sich als perfektes, abgeschlossenes Urteil zu verstehen. Wir wollen darüber nicht argumentieren und auf kausaler Ebene diskutieren, sondern eine Vielfalt von inneren Bildern und Masken vor dem Auge des Lesers ausbreiten, wie ein Stoff mit schillernden Farben und Mustern

1. HOLZ

a) Unerlöst:
zornig, ohnmächtig wütend, kalte Wut, gefrorene Wut

Metaphern dafür :
* sich die Haare raufen
* aus der Haut fahren wollen
* sich in den Hintern beißen können
* sich selbst zerfleischen
* sich grün und blau ärgern
* geifern, schäumen vor Wut
* sich die Seele aus dem Leib schreien
* Zähne zusammenbeißen

Beispiel: "Rumpelstilzchen ärgert sich zu Tode" - die Füße sind nach innen gekehrt, der ganze Körper in ohnmächtiger Wut geballt, die Schultern verspannt. Dennoch fühlte sich die Zeichnerin viel besser, als sie den Druck der ohnmächtigen Wut als Ausdruck aus sich heraus gebracht hatte, und merkte dies an einer wohligen Müdigkeit und gänzlich ungewohnten Entspannung.

Maske:
Kalte Wut als Verbissenheit, zusammengebissene Zähne, verspannter Kiefer, leere, tote Augen, schwere, unbewegliche und eher quadratische Gesichtsform, eventuell sogar nach unten hin breit werdend, wenn die Wut in Ohnmacht und Resignation umgeschlagen ist und "auf sich selbst sitzen bleibt", in Depression und Gefühllosigkeit übergehen kann....

Beispiel 2 : Der Schädel wirkt fast wie ein Totenschädel, die Spannungen in den Augenmuskeln werden durch den bitteren und verkniffenen Mund mit den gefletschten Zähnen "sabotiert", alles deutet auf Stillstand hin - Assoziation des Maskenbildners: Der bissige Kettenhund, das Rachegespenst, "the hound of Baskerville"...

b) Erlöst:
heiliger Zorn, positive Aggression, Energieschub, Kraft, Auftrieb, Kreativität

Metaphern dafür:
* Zähne zeigen, zubeißen
* zugreifen (es juckt in den Fingern: Lustvolle Spannung)
* etwas angehen, den ersten Schritt machen (einen entschiedenen Schritt vorwärts machen)
* in Stellung gehen, Stellung nehmen (tief durchatmen)
* etwas in Angriff nehmen, Position beziehen (Boxerstellung, weiche, flexible Knie, lockerer Rücken)
* sich aufwärmen, bereit machen, loslegen (dribbeln wie ein Fußballer, geschmeidig wie

ein Raubtier, zum Sprung bereit)
* den Takt angeben und mit den Fingern schnipsen
* Schwung in die Sache bringen (sich einschwingen und dazu singen oder pfeifen)
* sich selbst einbringen (aufstehen)
* sich selbst in Bewegung bringen (in die Hände spucken, sich die Hände reiben)
* motivieren und mobilisieren (in die Hände klatschen, sich selbst ein Losungswort sagen, Mut zusprechen)
* schöpferisch zum eigenen Ausdruck finden (Fratzen schneiden, einen ungewohnten oder verbotenen Gesichtsausdruck ausprobieren, Zunge herausstrecken, spontan Gesichter als Masken malen)

Beispiel 3: Die Frauenfigur befreit sich aus der ohnmächtigen Wut, indem sie alles "zum Teufel jagt, den Buckel runter rutschen läßt". Auch die Füße sind mit Krallen ausgestattet und in einer dynamischen Läuferstellung.

Beispiel: "Der Tanz der großen Göttin Kali " - mythologisch wird sie als große Mutter und Todesgöttin beschrieben; tanzende Dämonen und Tiergottheiten, Totemtiere, die durch ihren Tanz Kraft vermitteln.

Maske:
Ungezähmte wilde Tierfratzen, lustvoll nach hinten gezogene Lefzen, die zu lachen scheinen, Jagdinstinkt, der sich in einem lauernden Augenausdruck zeigt, Wachsamkeit, alles ist in Bewegung und im Aufbruch, das Gesicht ist belebt und läßt die Gesichtsform frei.

Beispiel: Die Zähne sind spitz und bereit, zuzupacken. Alles atmet Angriffslust und Bereitschaft. Die Maskenbildnerin berichtet von einem Energieschub, als sie die Maske malte. Sie hat das Gefühl, mit ihrem Krafttier in Kontakt zu sein. Das Tier ist instinktsicher, ungeheuer lustbetont und voller Bewegung und Kraft. Zuerst wollte die Maskenbildnerin nach einigen mißlungenen Versuchen schon resigniert aufgeben - dann kam das Gesicht auf das Papier, mühelos, wie von selbst. Es schien sie anzuspringen. "Etwas spricht mich direkt an - mein Krafttier ist erwacht!"

2.FEUER

a) Unerlöst:
hysterisch, idealisierend, verklärend, abgehoben Metaphern dafür:
* aufbauschen
* sich aufblähen, aufmandeln, brüsten
* sich verzehren vor Sehnsucht
* sich als abhängig und hörig fühlen - sich anbinden, fesseln lassen, ohne das Objekt der Begierde sich leer und wertlos fühlen
* schmachten, anhimmeln, dahinschmelzen
* sich aufgeben, sich wegwerfen
* Diva, die sich zu den rasenden Ovationen des Puplikums verbeugt, Handküsse in die Menge verteilt.

Beispiel: Frauenfigur in Hingabe-Stellung. Aber es scheint, als ob alle Energie aus ihr ausfließen würde.

Maske:
Schrilles Lachen, großer Mund,erweiterte Pupillen, verengte, verspannte Augenmuskeln, die nach oben gezogen zu halbmondförmigen Schlitzen geworden sind, der wahnsinnige Clown, der mörderische Witze reißt, irrsinniges Lachen.

Beispiel 9: Das ganze Gesicht ist entgegen der Schwerkraft nach oben verzerrt. Der Mund ist wie ein großes, verschlingendes Loch, ein Abgrund. Die Ähnlichkeit zu einer Maske überwältigenden Schmerzes ist auffällig.

b) Erlöst:
große Freude, sich selbst annehmen, lieben, Innerlichkeit, erhöhtes Bewußtsein für sich selbst.

Metaphern dafür:
* sich zu sich selbst bekennen: Hand auf's Herz
* bei sich sein , sich selbst lieben, zärtlich sich selbst berühren, über den Körper streichen, sich streicheln, Handküsse auflegen
* die in Außen-Projektionen investierte Energie wieder zu sich zurückfließen lassen und integrieren
* lachen, singen
* vor Freude tanzen, sich drehen, wirbeln

Beispiel 10: Wirbelnde Tänzerinnen, der Oberkörper ist ekstatisch geweitet und offen, die Dynamik des Wirbelns bewirkt ekstatisches Herausgehen aus sich selbst, Erweiterung, gleichzeitig Sammlung und Zentrierung. Maske: Gelöstes, freies Lachen, voller, klarer und vielleicht strahlend hoher Ton (hohes C)

3.ERDE

a) Unerlöst:
Grübeln, Nach-Denken, Sorgen, im Kreis denken, in unproduktiven Kreisläufen gefangen sein, nicht los kommen von Gedanken, fixe Ideen, gefangen sein in Gewohnheiten, Glaubenssystemen , Traditionen und der Vergangenheit ganz allgemein, Trägheit, Mangel an Visionen.

Metaphern dafür:
* nur auf das Naheliegende schauen: Gesenkter Blick
* nachhaken

* darauf bestehen, darauf pochen
* die Stirn in Falten legen
* sich den Kopf zerbrechen
* Haltung des Denkers von Rodin: Zusammengezogene Haltung
* nörgeln, zweifeln, sich selbst behindern
* im Teufelskreis gefangen, wie besessen immer wieder dasselbe denken
* nicht abschalten können
* im Kreis gehen

Beispiel 12: Zusammengezogene Sitzhaltung, “auf sich selbst sitzen geblieben”

Maske:
Zweifelnder Gesichtsausdruck, asymetrische Faltenlinien, die das Gesicht durchfurchen.

Beispiel: Typische Ausdrucksformel in Cartoons und Comics aus den fünfziger Jahren - das verzweifelte Grübeln wirkt leicht lächerlich, weil es überzeichnet ist.

b) Erlöst:
Gelassenheit und Sammlung, Vergegenwärtigung, Geistesgegenwart, Heiterkeit.

Metaphern dafür:
* Buddhalächeln
* Buddhasitz, zusammengefügte oder gefaltete Hände auf dem Bauch
* in sich ruhen: Die eigene Mitte als Schwerpunkt im Körper spüren

Beispiel 16: Die ursprünglich zusammengezogene Sitzhaltung löst sich auf zu einer Haltung der Sammlung, eines leicht bewegten, wiegenden, schaukelnden Bei-sich-seins. Die Bewegung erinnert an das beruhigende Einlullen und Wiegen eines Kindes - diese Bewegung ist wichtig für den Übergang von unerlöster Selbstbezogenheit zu erlöstem Bei-sich-sein.

Maske:
Buddhalächeln, mütterlicher, sanfter Ausdruck

Beispiel: Symmetrischer Ausdruck, das Gesicht ist zur Ruhe gekommen, die Spannungen haben sich aufgelöst und ebenmäßig verteilt.

4.METALL

a) Unerlöst:
Resignation, Rückzug, unbewältigte Trauer, die in Depression und Gefühllosigkeit umschlägt

Metaphern dafür:
* sich zurückziehen, zusammenziehen, abkehren
* sich klein machen, unsichtbar werden, unter dem Erdboden verschwinden wollen
* sich unbeteiligt geben, die Hände vor der Brust verschränken
* seine Verantwortung leugnen, sich rücksichtslos und unberührt zeigen: "Sollen die sehen, wie sie damit fertig werden"
* passive Opfer-Haltung: "Kann ich doch nichts dafür, was mir wiederfährt", "Recht geschiehts denen, wenn mir was passiert..."
* Ressentiments und Rachegefühle: "Mir hat auch keiner geholfen, als es mir schlecht ging"

* verhaltener Hochmut: " Die werden noch sehen, wer ich eigentlich bin"
* Stolz: "Mit mir nicht"
* sein Licht unter den Scheffel stellen- seine Kraft nicht ausleben: "Perlen vor die Säue"
* hart wie Stein, den nichts rührt

Beispiel: Schizoider Körperzustand und unverbundene, beziehungslose, entfremdete Körperhaltung, "ein Strich in der Landschaft" - vergleiche dazu die gezeichneten Selbstbildnisse von Franz Kafka.

Maske:
* unerlöste Trauermaske, Maske des Richters

Beispiel 19: Der Mund ist wie ein Balken, bitter verschlossen. Die Augen sind hart umrandet, ein Gefäß für alte Gefühle, die an widerfahrene Verletzungen erinnern und sie offen halten.

b) Erlöst:
Versöhnung mit dem Schicksal, mit den Schatten und dem alten Selbst, Selbst-Akzeptanz, dadurch Freiheit zu wahrem Mitgefühl und durchlebtem Mitleiden, das erlöst.

Metaphern dafür:
* Grenzen setzen "bis hier hin und nicht weiter"
* sich in Würde verabschieden, einen Schlußstrich ziehen
* ein Kreuz machen darüber, absegnen, begraben
* sterben, "das Zeitliche segnen", in Wohlwollen scheiden

Maske:
Liebevoll dekorierte Kleidung, achtsam und respektvoll eingehaltene Rituale, die Maske an sich als Mittel und Form der Annäherung, der Kontur und Kommunikation, der Begrenzung und Abgrenzung, der Annäherung und Distanzierung.

Beispiel: Das Gesicht besteht eigentlich nur aus symmetrischen Strichen. Die Frau, die diese Strichzeichnung machte, erzählte, wie wohl es ihr getan habe, diese einfachen Striche zu finden. Dabei sei ihr aufgefallen, daß sowohl beide Augen wie auch der Mund für sie wie Ist-Gleich-Zeichen ausgesehen haben und eine wunderbare Öffnung für sie bedeuteten. Die Maske wirkte auf sie seltsam beruhigend durch die Abwesenheit von Gefühl und eben dieses abstrakte Zeichen, das am Ende von Rechnungen und Gleichungen steht und zum endgültigen Ergebnis führt...

5. WASSER

a) Unerlöst: Selbstunterschätzung bis hin zur Selbstvernichtung, Angst, Paranoia.

Metaphern dafür:
* den Kopf in den Sand stecken, nicht sehen wollen, sich taub stellen, Totstellreflex
* sich verkrümeln, verduften, verschwinden, sich unsichtbar
machen, sich nicht ausdrücken, nicht auffallen
* zurückkehren in die Fötushaltung, die Bettdecke über den Kopf ziehen

Beipiel: Verklumpte, monströse Gestalt des Grauens, der Schatten schlechthin, der Fleisch gewordene Schrei.

Maske:
Angstverzerrte Gesichter

(Beispiel 22: Der Schrei; vergleiche Edvard Munch: "Der Schrei")

b) Erlöst:

Selbstachtung auf der Basis von Urvertrauen entgegen aller Argumentationen und Widrigkeiten, Mut, Willenskraft.

Metaphern dafür:

* sich hingeben, aussetzen, ausliefern
* sich fallen lassen, treiben lassen
* sich selbst so sein lassen, wie man ist
* Ausstrahlung und Charisma

Beispiel: Die Umrisse einer menschlichen Gestalt, schattenhaft, jedoch auf der Stirn einen Stern, der Licht aussendet und den Körper in seiner idealen Gestalt formt. Eine Frau, die dies malte, berichtete von einem seligen Gefühl der Sicherheit und Zuversicht.

SPIELANWEISUNGEN MIT MASKEN UND METAPHERN IM SPIELSYSTEM DER FÜNF ELEMENTE

Vorerst: Es handelt sich hier um eine Gruppenarbeit im Sinne einer improvisierten Inszenierung. Freilich läßt sich diese Arbeit auch im Geiste oder in der Phantasie durchspielen, aber es ist unvergleichlich schöner, lebende Menschen mit den Masken zu bedenken, bzw. sie die vorgedachten Metaphern - Körperhaltungen und Gesten - einnehmen zu lassen und sie eventuell anzuweisen, bestimmte Geräusche zu machen, bzw. bestimmte Kurzsätze und Slogans wie Mantren wiederholen zu lassen. Und dazu bedarf es eben einer Gruppe - es könnte auch eine Freizeitgruppe sein, die sich um des Experiments willen trifft. Aber natürlich kann es auch eine therapeutische Gruppe sein, die sich zum Zwecke der Heilung des Einzelnen zur Verfügung stellt - etwas übrigens, was in kollektiven Verbänden der Clans und der Stämme selbstverständlich ist, da das Wohl des Einzelnen das Wohl des Ganzen - des Verbandes-beeinflußt. Also konkret bedeutet das: Eine Gruppe trifft sich, malt die Masken, setzt sie auf, und formiert sich in Untergruppen je nach Elementen. In den Elementen sollten, wenn möglich, beide Aspekte, “unerlöst” und “erlöst” vertreten sein.

Der Kreis ist vorgezeichnet. Die Elemente darauf, gemäß des “natürlichen Kreislaufs” eingetragen. Der Ernährungszyklus folgt immer der Reihe. Der Kontrollzyklus überspringt ein Element. Wie auch immer - die Untergruppen sitzen auf ihrer Stelle und bewegen sich dann auf Kommando auf die jeweilig gewünschte Stelle , also auf ein anderes Element und eine andere Gruppe hin, auf die eingewirkt werden soll. Die Anleitungen sind simpel - die Auswirkungen verblüffend! (Siehe Psychologie der Elemente)

1. ÜBERGANG VON ELEMENT ZU ELEMENT GEMÄSS DES ERNÄHRUNGSZYKLUS`

- Vorübung und Einstimmung:
  Der Wandel der Jahreszeiten, die verschiedenen Bedürfnisse und der richtige Zeitpunkt des Wechsels.
- Gebrauch der Körpermetaphern: Den Übergang der Jahreszeiten üben und sich bewußt werden, wo individuelle Widerstände gegen den Wechsel auftreten. Dabei ist zunächst nur der Wechsel der "erlösten Zustände" gemeint. So ließen sich die Fünf Elemente einteilen in: **AUFSCHWUNG - FREUDE - REIFE - ABSCHIED - RUHEN - AUFSCHWUNG**
  Aufgabe ist:
  "Blinde Flecken" und "taube Stellen" im eigenen Organismus und im Spiel des organischen Wechsels aufspüren. Wir tun erst einmal so, als ob es ganz natürlich wäre, vom RUHEN zum AUFSCHWUNG zu kommen, ungeachtet der Probleme die wir vielleicht damit haben. Dabei fällt uns auf, wo wir den "natürlichen Lauf der Dinge" gar nicht so natürlich empfinden und etwas sich abgesondert hat vom großen Fluß des Lebens, etwas sich aus irgendwelchen guten Gründen, die es zu würdigen gilt, abkapselt und verkapselt. Denn damals, zur Zeit des Entstehens der Verhaltensmuster, war es sicher eine gute Entscheidung so zu handeln und nicht anders. Dann kommt der nächste Schritt, in dem wir ganz bewußt den Widerstand gegen den organischen Wechsel ausspielen und dem Widerstand ein Gesicht, eine Maske, eine passende Rolle und Körperhaltung geben. Sehr oft stimmen diese Masken und Rollen des Widerstands überein mit den oben angegebenen "unerlösten Zuständen, so daß sich folgende Kausalkette ergibt:

ZURÜCKGEHALTENER AUFSCHWUNG - VERHALTENE WUT

MANGELNDE LEBENSFREUDE (WEGEN URALTER WUT, DIE SCHWÄCHT) - ERSATZGEFÜHLE, DIE VON AUßEN GENÄHRT WERDEN MÜSSEN (ABHÄNGIGKEIT)

KEINE ERFÜLLUNG DURCH MANGELBEWUßTSEIN - STÄNDIGES GRÜBELN, SUCHEN NACH FEHLERN, HÄNGEN AN DER VERGANGENHEIT

FIXIERUNG DER VERGANGENHEIT - NICHT LOSLASSEN KÖNNEN, KEINE ECHTE TRAUER, KEIN WIRKLICHER ABSCHIED, SONDERN DUMPFE GEFÜHLLOSIGKEIT

KEINE LÖSUNG DURCH LOSLASSEN, KEIN TRAGENDER GRUND DES URVERTRAUENS - ANGST

ANGST LÄHMT, VERHINDERT AUFSCHWUNG.... etc.

Dabei gehen wir bewußt und gleichzeitig spielerisch in diese (meist recht unangenehmen) Gefühle des Blockierens, Hemmens und Klemmens, des unerlösten und ständig sich fortsetzenden Drucks hinein. Indem wir uns bewußt als Spieler, Akteure, als Täter erleben, erobern wir uns die Fähigkeit zur Neuentscheidung und Umentscheidung zurück. Wir fühlen uns nicht mehr unseren alten und negativen , d.h. unangepaßten Verhaltensmustern ausgeliefert, sondern spielen sie aus. Genauso gut können wir nun Alternativen ausprobieren und sie uns probeweise überziehen wie Kostüme und sie uns erst dann aneignen, wenn sie wirklich passen und stimmen. Das Gefühl der Stimmigkeit ergibt sich dabei in uns unmittelbar und spontan: Plötzlich wissen wir, das ist es. Das stimmt für mich. Dabei sind die hier gemachten Vorgaben wirklich nur Spielangebote, die sich jedoch durch die Jahre immer wieder bewährt haben.

Der nächste Schritt könnte nun in der Konstruktion eines Idealfalls sein. Es geht um den "Lauf der Dinge", jedoch nicht mehr als ein Ablaufen von Schicksalsmächten, auf die ich keinen Einfluß habe, sondern als meine eigene Erfindung. Ich schreibe mir selbst ein Drehbuch des Idealfalls. Meist stimmt es in ungefähr mit dem überein, was die Taoisten als "natürlich" bezeichnen würden, aber das soll uns nicht stören. Wir wissen insgeheim, wieviel Mühe es uns bereitet hat, Natur als Natur zuzulassen und mitzugehen. Wie sagt Blaise Pascal?

"Die Gewohnheit ist eine zweite Natur. Sollte nicht die Natur nur eine erste Gewohnheit sein?"

2. DAS ARBEITEN MIT MASKEN UND METAPHERN IM SPIELSYSTEM DER FÜNF ELEMENTE GEMÄß DES KONTROLLZYKLUS

Der Grund dafür, daß das Arbeiten gemäß des Kontrollzyklus sich als so effektiv erwiesen hat, liegt sicher mit daran, daß es eben den "natürlichen Gang der Dinge" nicht beachtet und somit die ordentlich lineare Kausalkette durcheinanderschüttelt, die unser linear-kausal und damit einseitig ausgerichtetes Denken beschränkt, also eine schöpferische Unordnung oder Umordnung mit sich bringt. Bleiben wir im linearen Denken, so scheint es uns, daß bei der Abfolge immer ein Element übersprungen wird, und dieser Sprung in die übernächste Stufe einerseits etwas ausläßt, andrerseits durch diesen Sprung die Ebene der zwingenden Abfolge des Eins-nach-dem-anderen verläßt. Aus der Psychotherapie wissen wir, wie hilfreich und erlösend dieser Sprung sein kann.

Die Nähe zu bestimmten therapeutischen Strategien zeigt sich da, wo nicht beim Mangel angesetzt wird, sondern bei der Fülle. In der Psychotherapie sprechen wir von Fähigkeiten, Kräften und Ressourcen. Diese potentiellen Fähigkeiten werden auch da erkannt, wo sie dysfunktionale Verhaltensmuster hervorgebracht haben und sich in solchen ausdrücken.

Ein Beispiel: Eine Clientin beschreibt sich selbst als ewiges Zornnickel und Meister im Trotzen. Wozu das gut sein soll? Bisher hat es ihr nur das Leben vergällt (einseitige Fülle im Element Holz - zuviel Wut - Überfunktion der Galle). Sie kann nun ihre Fähigkeit im Kontrollzyklus entdecken, indem sie den Grüblern in der Ecke des Erd-Elements durch ihre Wutanfälle ein erfrischendes Ende setzt. Es läßt sich nicht konzentriert grübeln, wenn in nächster Nähe jemand wütet und tobt. Das reißt aber die Erd-Leute nicht nur aus der Selbstbefangenheit, sondern auch aus dem circulus vitiosus des Immer-wieder-dasselbe-Denken heraus, und sei es nur, daß man sich über die Störung ärgert. Um diese Störung aber so effektiv zu inszenieren, daß sie die sturen Erd- Leute aus der Fassung bringt, dazu muß man sich schon was einfallen lassen und zwar etwas Ungewohntes und Ungewöhnliches - man muß schöpferisch werden. Und so ist Holz vom unerlösten in den erlösten Zustand übergegangen. Ohnmächtige Wut hat sich umgewandelt in schöpferische Einfälle - störender Ausfälle.

Die Grübler sind also nun aufgestört. Sie werden dazu motiviert, in den erlösten Zustand überzugehen, nämlich die Kraft ihrer Konzentration zur Sammlung einzusetzen und nicht mehr sich zu verzetteln. Durch die Störenfriede, Wüteriche und Rebellen vom Dienst müssen sie sich auf das Wesentliche besinnen.

Sich auf das Wesentliche besinnen, sich sammeln, - das ist das Ziel von Meditation für Menschen, die im ganz gewöhnlichen Alltag stehen. Meditation so verstanden, bietet unmittelbare Lebenshilfe an, und zwar vor allem für die vielen Menschen, die von diffusen und unbestimmbaren Ängsten geplagt werden. Unsere Kulturepoche ist immer wieder als eine Zeit der Überzivilisation, der gesteigerten Ansprüche, der Überforderung, und damit der Selbstentfremdung ebenso wie Fremdbestimmung bezeichnet worden. Die Erdleute, die vom diskursiven Denken, sprich Nach-Denken und Grübeln, zur meditativen Praxis gelangt sind - dank der Rebellen vom Dienst - können nun den Leuten, die zitternd und bibbernd vor Angst in der unerlösten Wasser-Ecke sich krümmen, ein Angebot machen: Meditation. Aber Meditation nicht als Flucht vor der Wirklichkeit und Einladung zum Spintisieren und Abheben verstanden, sondern Meditation als Besinnung auf den Daseinsgrund, auf das Eigentliche, Eigene, auf das Selbst. Das zivilisierte Ich mag zunächst argumentieren, daß die Sorgen berechtigt seien und die Untergangsstimmung sich schließlich immer mehr verbreite, aber die Erd-Leute in ihrer Beharrlichkeit und Gründlichkeit werden erwidern, daß das, was alle sagen, fühlen oder meinen, noch lange kein Grund dafür ist, wie das Schicksal gestaltet wird. Und schon die Art, wie die Erdleute ganz gelöst und gelassen auf die unerlösten Wasser-Leute wirken, nämlich indem sie wenig oder nichts sagen, mehr zuhören und einfach da sitzen, geradezu penetrant entspannt, das wird die unerlösten Wasser-Leute mit ihrer Angst zuerst vielleicht in noch größere Panik versetzen, da sie meinen, nun sei ihnen sogar der letzte rettende Strohhalm, die vernünftige Argumentation, genommen. Oder es wird sie in Rage bringen, also in die nächste Stufe Holz katapultieren, was auch immerhin schon einen Schritt weiter bedeutet. Aber irgendwann werden die Wasser-Leute ihre ungeheure Lust an der Angst entdecken, werden die köstliche Erregung der Weltuntergangsstimmung schmecken und keiner weiteren Argumentationen bedürfen. Schließlich werden sie sogar die Erregung zulassen können ganz ohne Grund. Das wird das Startsignal für die Erlösung sein, denn dann setzt die Erregung sich in Bewegung, und die Bewegung sich in Hingabe an den Fluß des Lebens, in Urvertrauen um - aber eben in keine pseudo-mystische, pseudo-religiöse Heilsideologie, sondern in handfestes, verkörpertes Wissen um das weltliche und diesseitige Hiersein. Urvertrauen entsteht durch Wahrnehmung, durch die Sinne, die Sinn herstellen: Riechen, tasten, schmecken, hören, sehen.... das alles macht Sinn. Jetzt. Und dann können die Wasser-Leute auch in lässiger Körperhaltung dem Leben begegnen. Sie können sich zurücklehnen, sich nach hinten fallen lassen - schließlich haben sie ja die Rückendeckung all dieser Menschen, die schon vor ihnen drauf gekommen sind, daß Angst nur die Kehrseite von Lust ist, und daß Sterben im Leben, und das Leben im Sterben beginnt.

Diese ziemlich nüchterne Erlösung und Erleuchtung hat nur wenig mit der Hysterie eines Größenwahns, der sogleich in Minderwertigkeitskomlexe und Hörigkeit umschlagen kann, zu tun. Und so ist es an den erlösten Wasser-Leuten, zu den unerlösten Feuer-Leuten zu gehen und sie mal ein bißchen zu dämpfen. Ah, tut das gut! Es zischt, es dampft, es schrumpft. Es schrumpft sich gesund. Was bleibt, sind zunächst zerstörte Träume, enttäuschte Erwartungen, aufgelöste Illusionen. Aber dann kehrt die Energie von den nach Außen projizierten und in das Außen hinein investierten Kräften zurück und das ureigenste Kräftepotential wird frei: Die Freude.

Die Feuer-Leute sind eigentlich besonders privilegiert: Wie sie es auch machen, erlöst oder unerlöst, sie schaffen immer Kontakt. Sei es, daß sie mit erwartungsvoll ausgebreiteten Armen auf die spröden oder verhärmten Typen in der Metall-Ecke zu gehen, sei es, daß sie sich den kalten Schizo-Machos vor die Füße werfen, sei es, daß sie als Verführer und Verführerinnen letztlich sich selbst auf den Leim gehen und daran kleben bleiben: Was sie tun, das tun sie total. Sie geben sich total. Und wenn sie einen, aus Enttäuschung, fallen lassen, so tun sie auch das total. Das erstaunt und irritiert die Metall-Leute, vor allem im unerlösten Zustand, sehr. Sie, die sich erfolgreich isoliert zu haben glaubten, müssen feststellen, daß es da noch was gibt, was zieht, zerrt, klebt, und hängt. Und wenn es nur die Vorladung zur Scheidung, die Androhung von Selbstmord, der Zahlungsbefehl oder eine Räumungsklage ist _ tatsächlich: Es ist Kontakt! Es fordert auf, sich auseinanderzusetzen, sich mit dem anderen zu befassen, denn es ist da, unausweichlich : Das Andere. Es will beachtet, wahrgenommen, bewertet werden. Den Metall-Leuten graust es. Umsonst. Gerade das Grausen berührt sie. Und natürlich, smart, analytisch, logisch, sehr kühl und sehr unbestechlich wie sie sind, bzw. wie sie sein wollen, fragen sie sich natürlich, wieso. Klare Antwort von drüben: Es berührt sie, weil sie einen Teil von sich selbst darin erkennen. Jawohl. Einen verdrängten Teil, der kontaktbedürftig ist und sich danach sehnt, angesprochen zu werden. Ein Teil, der ganz schimmelig und schwummelig schon geworden ist, ein armes Gespenst, das unerlöst herumirrt in der "splendid isolation" des Rationalismus und immerzu verzweifelt schreit: Es gibt mich nicht, es gibt mich nicht, und darauf hofft, daß einer mal sagt: Oh ja, es gibt dich doch -ich sehe dich doch , mein Lieber, du wirkst zwar wie ein Schatten deiner selbst, wie ein Gespenst, aber wir wollen mal testen, was es mit der Gespensterwelt auf sich hat - meine Dame, mein Herr, wollen Sie den Test mitmachen. Es gibt auch eine Prämie. Sicher doch, vom Feinsten, nämlich endlich mal wieder Sie selbst zu sein : Durch Feedback von der Umwelt. Biofeedback, wenn Ihnen das lieber ist, selbstverständlich. Wir haben auch Maschinchen - Maschinchen, die Schizos einfangen und verführen. Klar, und wieder freilassen, die sind darauf programmiert. Also, die Feuer- und Freude-Leute sind unersetzbar. Die sprechen alle Sprachen, nur um dich zu erreichen. Sie sind die perfekten Verführer, im unerlösten wie im erlösten Zustand, und man kann sich nur wünschen, einmal so kontaktiert zu werden.

Ja, und wie geht es weiter in diesem Märchen des selbst inszenierten Idealfalls? Auf alle Fälle geht es weiter. Denn nun entwickeln die kühlen Metall-Leute etwas, was man ihnen nie zugetraut hätte, nämlich Mitgefühl. Nein, weder das impulsive Holz noch das herzliche Feuer, auch nicht die gelassene Erde und nicht mal das tiefe Wasser bringt es zu dem, was als der Kern aller Religionen bezeichnet wird: Echtes Mitgefühl. Die Autoren gestehen an dieser

Stelle, daß sie selbst einige Male schlucken mußten und mehrere Jahre der empirischen Probezeit brauchten, um zu verstehen, wie das zu verstehen ist.

Metall-Leute, die würde man heutzutage als Konstruktivisten bezeichnen. Das heißt soviel wie: Es spielt sich alles im Kopf ab. (Gott sei Dank). Ähnlich wie die Computer sehen die Metall-Leute alles als Programme. Information ist nur dann wirklich Information, wenn man Zugang zu ihr hat, wenn Information also kommuniziert - mitgeteilt - wird. Dieses kommunikationstheoretische und kybernetische Denken (Kybernetik leitet sich ab von "kyber", altgriechisch "Steuermann" ab, und bezeichnet die Lehre von den autoregulativen Steuerungen eines Systems, das durch ständige Rückmeldungen und somit Wechselwirkungen funktioniert) führt dazu, daß es dem Kopf (genauer: der Großhirnrinde) als Hauptschaltzentrale zunächst einen Vorrang vor den Sinnen und der Wahrnehmung (die immer nur das als Wahrheit zu sich nimmt, was sie als Wahrheits-Programm schon anerkannt hat und sozusagen darauf vorprogrammiert ist) gibt und damit von anderen in gewisser Weise als unsinnlich und kopfig empfunden wird. Der Metall-Charakter wirkt kühl, distanziert, formell. Im Vordergrund steht die Analyse, die sich vom unmittelbaren Erfaßtsein ebenso wie von einer instinktiven Impulsivität des Handelns dissoziiert. Erstmal Denken, heißt die Maxime. Aber es ist kein Nach-Denken wie das des Erd-Charakters, sondern ein Vor-Denken - ein Denken, das sozusagen einen Schlüssel zu den möglichen Informationen sucht, ein Denken, das sich in Prognosen versucht und Wahrscheinlichkeiten miteinberechnet. Wirklichkeit ist, was wirkt. Wirklichkeit ist ein Produkt meines Denkens, ist eine Konstruktion meiner vorprogrammierten Wahrnehmung. Wenn ich aussteigen will aus meinen alten Vorprogrammierungen (Vorurteilen) , aus meinen Assoziationsketten (gelernten Gefühlen) und konditionierten Reflexen (fremdbestimmtem und außenorientiertem Verhalten), dann muß ich einen Schnitt machen in der ewigen Wiederkehr desselben und als ganz neue Information den Schritt aus der Ebene des unfreien Getriebenseins in die Freiheit der Selbstbeherrschung tun. Und dazu muß ich als allererstes Verständnis für alle anderen Standpunkte und Glaubenssysteme aufbringen, mit denen ich in Kontakt komme, denn : Jeder hat Recht - in seinem System. Erst wenn ich diese Toleranz mir aneigne, habe ich die Voraussetzung für echtes Verständnis und Mitgehenkönnen mit den anderen. Erst indem ich mich selbst als konditioniert und programmiert erkenne - und anerkenne, wertschätze! - denn dies ist ein wichtiger, überlebenswichtiger Teil von mir selbst! - kann ich wirkliches Mitgefühl entwickeln. Dieses Mitgefühl ist keine gnädige Bevormundung und kein demütigendes Herabsehen auf den anderen, der in seinem Leid befangen ist, sondern ein Aufruf zur Freiheit, - der jedoch frei läßt. Diese meditative Erkenntnis der eigenen Gefangenheit "in den Schleiern der Maya" und die daraus resultierende Entscheidung für die Freiheit ist der Grund, weshalb Buddhismus und moderne Erkenntnistheorie so gut miteinander in Einklang zu bringen sind.
So sind die kühlen Metall-Leute, die oft unter ihrer eigenen Isolation und Distanz leiden, im erlösten Zustand die wahren Vermittler von Mitgefühl. Und mit dieser kühlen aber überzeugenden und ruhigen Art sind sie auch die einzigen wiederum, die mit den rasenden Göttern und tobenden Dämonen (Element Holz) umgehen können. Ähnlich wie Buddha damals unter dem Feigenbaum halten sie allen Täuschungen und Illusionen stand und warten einfach ab, bis die unerlöste Seite des Holz- Charakters umgeschlagen ist in ihre wahre Bestimmung : Einen neuen Zyklus zu beginnen, einen neuen Akzent zu setzen, einen neuen Impuls zu geben und sich in das Wagnis der Offenheit für lebendige Prozesse neu einzulassen. Ohne

diesen Wagemut und diesen schöpferischen Neuanfang säßen allerdings auch die Konstruktivisten auf dem Trockenen bzw. auf ihrer eigenen Konstruktion, und keinerlei Kontakt oder Kommunikation wäre überhaupt möglich. Dieser Abschluß des Kontrollzyklus zeigt aufs Beste, wie alle Elemente und Charaktere zusammenwirken und lassen den, der den Zyklus durchlebt, im Spiel, am eigenen Leibe erleben, wie einseitig und beschränkend es wäre, sich nur mit einem Element und einem Charakter abspeisen lassen zu wollen. Erst das Zusammenspiel ergibt das Ganze, die Ganzheit!

WARUM EIN FEST?

Diese Frage stellen wir uns jedesmal in der Phase nach dem Entschluß , ein Fest zu machen und vor dem Beginn des Festes. Also bevor die festliche Stimmung aufkommt und nur die Mühen der Vorbereitung darauf hinweisen, daß ein Fest stattfinden wird. Feste feiern heutzutage wenige. Zu groß ist der Aufwand nicht nur organisatorischer, materieller und gesellschaftlicher Art, sondern auch der geistige: Man sollte ja wissen, was es zu feiern gibt, und schon da fehlt es meistens. Es gäbe zwar Gründe genug, aber sie sind nie so zwingend, daß gleich ein ganzes Fest vonnöten wäre. Es reicht ein festliches Detail, ein besonderes Essen, ein Champagner; vielleicht auch der abendliche Ausgang. Die Tätigkeit des Feierns beschränkt sich also meistens auf partielle Tätigkeiten und kleine Gesten, kleine Gefühle.

Aber ein Fest ist noch mal was ganz anderes. Und um dieses ganz- andere soll es hier gehen.

Ein Märchen der Inuit (Eskimo) erzählt:
Einst lebten die Menschen ganz versackt und versumpft im Trott ihrer Alltagsgewohnheiten. Sie hatten das Feiern der Feste vergessen. Und dazu muß man wissen, daß in den Gesellschaften, wo Kulte und Riten eine geradezu religiöse Rolle spielen, Feste wie Gottesdienste sind. Das Fehlen der Feste kam also einem Bruch der Regeln nahe, und es geschah sehr bald, da sollte sich dieser Bruch in einem Ungleichgewicht bemerkbar machen. Und als allererstes fiel es natürlich den Göttern und Geistern auf, die für das Feiern eine geschärfte Aufmerksamkeit besitzen, da sie nicht wie die Menschen, durch Nöte und Wünsche gedrängt, im Sicherheitsstreben sich verlieren.

Eines Tages also entführte ein Adler einen kleinen Jungen und brachte ihn zur Adler-Geistmutter. Diese klärte den kleinen Jungen über den Notstand auf und gab genaue Anweisungen, wie das Fest zu Ehren der Tiergeister und der ganzen Welt auszusehen habe: Wer die Gäste wären, was es zu essen gäbe, wie die Reihenfolge verlaufen sollte, usw. Der kleine Junge merkte sich alles gut und kam wohlbehalten wieder nach Hause. Dort wurde er auf Grund seines Erlebnisses sofort in seiner Autorität anerkannt. Das Fest wurde nach den Anweisungen der Adler-Geistmutter und den Visionen des kleinen Jungen gestaltet. Es war ein voller Erfolg. Alle kamen. Die Welt war wieder im Gleichgewicht. Und die Menschen waren glücklich, denn sie hatten das so wichtige Gegengewicht zu der alltäglichen Plackerei gefunden. Ich würde sagen, man nennt es Freude.

Darum also ein Fest.
Es ist dazu anzumerken, daß dieses Märchen uns über einige wichtige Hintergründe aufklärt. Die Entführung des kleinen Jungen ist eine Erfahrung der sogenannten anderen Wirklichkeit und eine Erfahrung von Trance. Das Hinübergehen in die andere Wirklichkeit ist nur möglich durch Trance, d.h. durch Veränderung des alltäglichen Bewußtseinszustandes in einen nichtalltäglichen. Dieses kann spontan geschehen, z.B. durch eine schwere Krankheit mit Fieber und sogar Koma - (und wahrscheinlich ist es in diesem Falle so), oder es geschieht durch Einnehmen von Drogen - was in den nicht- westlichen Gesellschaften bis heute noch oft die Basis für religiöse Riten und Kulte ist. Und es ist ein kleiner Junge, der ergriffen und entführt wird. Kinder sind noch offen für die Einbrüche, Botschaften und Weisungen aus der anderen Wirklichkeit. Erwachsene hingegen haben oft schon resigniert und sich dem Gesetz der Trägheit gebeugt. Kinder sind aufnahmefähig und lernbegierig. Für sie ist alles neu und sie sehen alles mit neuen, begeisterten Augen. Daß sie zur Autorität für eine ganze Gesellschaft werden können, ist unserer Gesellschaft ein fremder Gedanke, denn wir stellen uns vor, daß Wissen auf langer Erprobung beruht und durch viel vergangene Zeit bedingt ist. Das Wissen, das aus der anderen Wirklichkeit kommt, ist aber immer neu. Es kann auch nicht bewiesen , nur verwirklicht werden. Und da ist man immer am Anfang.

Der beste Grund für ein Fest wäre also z.B.: Davon zu träumen. Nicht auf einen Anlaß warten, der einem Fest würdig wäre - denn da kann man lange warten, da das Gesetz der Trägheit immer gute Gründe findet, jeden Anlass für nicht gut genug abzuwerten - sondern ganz gezielt und geplant daran gehen, einen Traum Wirklichkeit werden zu lassen! Das ist der beste Dienst, den wir den Bewohnern der anderen Wirklichkeit, seien es Götter, Geister, Tierahnen, Krafttiere , Medizinpflanzen, Dämonen, Elemente oder geniale Ideen, erweisen können. Und erfahrunsgemäß wird sich die Überwindung der Trägheit tausendfach auszahlen, nicht zuletzt durch - Freude.

WAS IST EIN FEST?

Hören wir dazu Kerenyi. (Alle Zitate sind entnommen dem Buch von A. Jensen "Mythos und Kultur")
"Diese Ausschaltung des gewöhnlichen Lebens, der überwiegend, wenn auch nicht notwendig fröhliche Ton der Handlung - auch das Fest kann ernst sein -die zeitliche und räumliche Begrenzung, das Zusammengehen von strenger Bestimmtheit und echter Freiheit, das sind die hauptsächlichsten gemeinsamen Züge von Spiel und Fest. " Spiel, Fest, Kult und Ritual hängen zusammen.

Dazu meint Huizinga: *"Die Teilnehmer am Kultfest sind überzeugt, daß die Handlung ein gewisses Heil verwirklicht und eine Ordnung der Dinge zustande bringt, die höher ist als die, in der sie gewöhnlich leben. Trotzdem trägt die Verwirklichung durch Darstellung auch weiterhin in jeder Hinsicht die formalen Kennzeichen eines Spiels."*
Weiter heißt es:
"Das Wissen um die Andersartigkeit der Spielwelt ist eines der wichtigsten Kennzeichen für alle Spielenden. Wir spielen und wissen, daß wir spielen, also sind wir mehr als bloß vernünftige Menschen, denn Spiel ist unvernünftig. Das Spiel kann sich auf Höhen der Schönheit erheben, wo es den Ernst weiter hinter sich läßt. Das Spiel ist stets zweckfrei. Es steht außerhalb des Prozesses der unmittelbaren Befriedigung von Notwendigkeiten und Begierden. Es schiebt zwischen diese den Prozeß als zeitweilige Handlung ein."
Und wieder Kerenyi:
"Um aus den menschlichen Bemühungen ein Fest werden zu lassen, muß etwas >Göttliches< hinzukommen, wodurch das sonst Unmögliche möglich wird. Man wird auf eine Ebene erhoben, wo alles ist, >wie am ersten Tage leuchtend , neu und erstmalig<, wo man mit den Göttern zusammen ist, ja selbst göttlich wird, wo Schöpfungsodem weht und man an der Schöp-

Festlichkeitsgefühl, ohne diese schöpferische Zustände überhaupt nicht möglich sind. Das Fest verbindet die Menschen nach ihrem eigenen Glauben mit den Göttern auf eine ganz besonders innige Weise. Sie erleben die Urzeit, in denen göttliche Wesen oder Menschen, die Göttern gleich waren, die Welt so schufen, wie sie heute ist. Im Kultfest wurde also nicht irgendeine Ordnung gespielt, sondern die eigentliche Ordnung der Welt - eben jene Ordnung, in der die Menschen selbst leben und die ihr Wirklichkeitsbild beherrscht."

"Das Fest ist ein solches Sich-wieder-Erschaffen. Es ist natürlich eine Wiederholung. *"Es ist aber durchströmt von dem schöpferischen Geist der Urzeit, sonst wäre es kein Fest. Freilich: Durch Wiederholen verliert das Leben an Kraft, verliert das Lebendige gerade an Leben. Aber: Es bleibt bei jeder Wiederholung eines religiösen Aktes ein Element des Schöpferischen übrig, das nicht mehr wiederzubringen ist, wenn der Akt aufgehört hat, wiederholt zu werden."* (Kerenyi)

Durchströmt vom schöpferischen Geist der Urzeit - das deutet auf ein geistiges Element hin, das die konkreten Handlungen trägt. Jensen verweist auf Frobenius, der es "Ergriffenheit" nennt: "Ein seelischer Zustand, der den Menschen aus dem gewöhnlichen Leben heraushebt, ein Festgefühl, das in besonderem Maße auch das Kennzeichen schöpferischer Zeiten im Leben eines Menschen ist. >Von etwas ergriffen sein< deutet auf eine Wirklichkeit, auf die der Mensch gerichtet ist." (Frobenius) (Aus "Mythos und Kult bei den Naturvölkern" von A. E. Jensen)

Zugegeben, hätten wir nicht durch die Kulturanthropologin Felicitas Goodman, Schülerin von Haberland, der wiederum Nachfolger von Jensen am Frobenius Institut in Frankfurt war, am eigenen Leibe erlebt, wie sich diese "Ergriffenheit" anfühlt und was sie für uns bedeutet, dann hätten wir wohl wenig praktische Anweisung aus obigen Texten für uns herauslesen können. So aber wissen wir: Es geht um Trance, und zwar um die religiöse Trance, die Goodman als Ekstase definiert , die ein Herausstehen aus den Gewohnheiten und ein Hineinstehen in die ungewöhnliche, nicht-alltägliche Wirklichkeit bedeutet. Die Kunst, Feste zu feiern, ist also die Kunst, mit der religiösen Trance richtig umzugehen.

Anthropologen und Ethnologen wollen es heute selber und genau wissen. Dazu gehen sie in Trance, wie es die "Naturvölker" damals, am Anfang der Ethnologie, wohl gemacht haben und wie sie es heute wohl noch machen -wenn es sie, die Völker, noch gibt. Goodman, die zur gleichen Zeit wie der vielgelesene Autor Carlos Castaneda promovierte, machte es sich zur Aufgabe, die bei aufgeschlossenen , abenteuerlustigen und risikobereiten Ethnologen übliche Art der Trance-Induktion durch das Einnehmen der traditionell empfohlenen Drogen durch Trance-Techniken, die von ihr entworfen, erprobt, gelehrt und verbreitet wurden, zu ersetzen. (Siehe hierzu die Publikationen von F. Goodman)

Wenn ich aber ohne Drogen mit nicht-alltäglichen Bewußtseinszuständen therapeutisch arbeiten will, d.h. die Zielsetzung letztlich Heilung im weitesten Sinne ist, dann sind die Erkenntnisse von Goodman besonders wichtig für mich, denn Goodman beschreibt sehr genau die Voraussetzungen, Regeln und Gesetze für einen wirklich verantwortungsvollen Umgang mit Trance. Eine der wichtigsten Trance-Induktionen, die keine Droge und keiner äußeren Stimulantien bedarf, ist übrigens die Erwartungshaltung. Und: Ein Fest setzt eine kollektiv verankerte Erwartungshaltung voraus, sonst wird es kein Fest, sondern eher ein Flop, eine Werbe-Veranstaltung, ein gesellschaftliches Muß, ein geschäftliches Treffen, eine diplomatische Farce.

DAS FEIERN VON FESTEN

Die Erwartungshaltung erschafft jenes festliche Fluidum, jene Stimulation, die dann die Stimmung produziert und sich von selbst weiter trägt, bis die gesetzten Grenzen den Übergang wieder ins Alltagsleben regeln.

Aber: Wie mache ich das? Stimmung erzeugen, stimulieren, mich und die anderen motivieren, Fluidum erschaffen, ein Kontinuum aufbauen, Atmosphäre zaubern, Spannung halten, und ! Grenzen setzen und durchsetzen?

Der Volksmund meint, man solle die Feste feiern, wie sie fallen. Da hat der Volksmund durchaus recht: Ein forciertes, nur cortikal kopfig verordnetes Fest wird wenig Lust machen und auch wenig Gäste anziehen. Erst die Beteiligung der Instinkte schafft das, was man eine gute Stimmung nennt, die sich übrigens schon in der Vorfreude und gespannten Erwartungshaltung äußert. Der Zufall bedeutet letztlich unserer Meinung nach hier nichts anderes als das Zu-fallen von Informationen aus dem Diencephalon, also aus dem ältesten Teil unseres Gehirns. Die Instinkte finden: Es ist wieder mal Zeit, freiwillig in den Ausnahmezustand (Sympathicus) zu gehen, da der Körper durch den Alltagstrott (Parasympathikus oder Vagus) mehr tot als lebendig, ziemlich schläfrig und unbeteiligt geworden ist und eben auch die Freude, die Lebensfreude, die Erregung, die Neugier, die Spannung, die Lust mehr und mehr abgenommen haben.

Es ist wieder mal Zeit für ein Fest!, meinen die Tiere und Tiergeister, die wir hier als unsere geistige Beziehung zu den Instinkten sehen können. Durch die bewußte Kontaktaufnahme zu den Instinkten machen wir eine Erfahrung, die im schamanischen Kontext oft als "empowerment" beschrieben wird und bedeutet, daß ich wirklich erwachsen werde und in meine eigene Kraft komme. Damit bin ich nicht mehr Spielball und Knecht äußerer Autoritäten, noch innerer, unbewußter Instinkte, sondern eigenverantwortlich und durch diese Erfahrung "autorisiert". Diese Erfahrung der eigenen Kraft, in die ich hineinwachse, wird in den "primitiven" Gesellschaften durch Initiationen rituell vermittelt und gekoppelt an Aufgaben, einschließlich einer bestimmten Stellung innerhalb der Gesellschaft.

Heute gibt es keine solchen Initiationsfeste mehr. Grund genug, diesem menschlichen Bedürfnis nachzukommen und die Instinkte bzw. die Tiergeister zufriedenzustellen und wieder zu feiern. Daß wir dabei nicht auf den Zu-fall aus der Ebene der Alltagsgewohnheiten warten können, wird dann klar, wenn wir uns vergegenwärtigen, daß die Gewohnheiten das Ergebnis einer cortikalen Kontrolle sind und eben nicht die notwendigen Ausnahmezustände zulassen, die dann die Feste fallen, zufallen und feiern lassen könnten.

Wenn wir uns also nicht auf den Zufall, der den Fall des Festes bedingt, verlassen wollen, müssen wir auf die Ebene der Instinkte absteigen und nach unseren instinktiven Bedürfnissen, Wünschen und Ängsten fragen. Die hier angegebenen Feste sind deshalb auch alles Feste, die Tabu-Themen berühren, thematisieren, stilisieren und die Überschreitung der gewohnten, gewöhnlichen Tabu-Grenze inszenieren.

So wäre das zum Element Holz zugeordnete Fest ein FEST DES HEILIGEN ZORNES (Kreativität). Dabei würde das Tabu, dem Menschen keine aggressiven, destruktiven und gewalttätigen Regungen zuzugestehen, gebrochen. Das Fest würde die selbsterhaltende Aggression feiern - und damit gleichzeitig bewußt machen und verantwortlich damit umgehen. Dies wäre z.B. durch eine Umlenkung in Kreativität gegeben.

Das zum Element Feuer zugeordnete Fest wäre ein FEST DER FREIEN LIEBE (Freude). Dabei würde das Tabu der Promiskuität gebrochen und der Instinkt der Arterhaltung, ohne zensurierende und kontrollierende Schranken, die das ängstliche Individuum, insbesondere das um seine anerkannte Vaterschaft besorgte männliche Individuum, angesichts chaotischer Lustbarkeit hegt, ekstatisch erhöht und gefeiert werden. Der erhöhte Pegel von Erregung und Lust galt als befruchtend - nicht nur für die Paare, die sich paarten, sondern auch für das Umfeld, in dem die Paarung geschah, also für Acker und Felder. Ein wesentliches Moment bei der Erhöhung des Lustpegels scheint die Anonymität gewesen zu sein - und scheint es noch zu sein, ließt man über erotische Phantasien. Die Paarung geschah im Dunkeln, draußen, nachts, im Verborgenen, wenn keiner den anderen erkannte. Aber es war nicht immer dieser lustvolle Ausnahmezustand angesagt: Nur einmal im Jahr wurde die totale Promiskuität zugelassen. Ihr waren also Grenzen gesetzt. Die Tempelprostitution als religiöser Ritus hat übrigens ein ähnliches Prinzip: In einem kultisch und rituell vom gewöhnlichen Leben abgegrenzten Ausnahmezustand wird Promiskuität und Anonymität (der Beischlaf der Tempeldienerinnen mit Fremden) zugelassen. Heute setzen sich immer mehr Tantra-Gruppen als quasi-therapeutische Interventionen durch und werden vielleicht bald die Funktion der alten Fruchtbarkeitsfeste übernehmen, um jedoch nicht unbedingt die Fruchtbarkeit im primär konkreten Sinne realisieren zu wollen, sondern mehr um die schöpferischen, fruchtbringenden. Kräfte des Geistes anzuregen und Lust am Leben wieder aufflammen zu lassen.

Das Fest des Elements Erde wäre das FEST DES SCHENKENS AUS DER FÜLLE (Gelassenheit). Damit wäre das Tabu der vernünftigen Berechnung gebrochen. Wir schenken meist nicht, ohne Bedingungen an unsere Großzügigkeit zu knüpfen, und unsere Großherzigkeit ist, bei näherem Betrachten, eigentlich kleinherzige und kleingeistige Aufrechnung. Um die Fülle wirklich würdigen, annehmen, genießen und feiern zu können, müssen wir wieder lernen, bedingungslos zu schenken.

Dieses bedingungslose Schenken mag ursprünglich in den Opfer-Riten enthalten gewesen sein. So opferte der Jäger, der ein Tier tötete, dem Tiergeist oder Tierahn, auf daß die sich immer wieder neu einstellende Fülle erhalten bliebe. Und so entstand auch ein späteres Opferdenken, das in der lateinischen Formel "Do ut des" (Ich gebe, um zu bekommen - d.h. ich gebe, auf daß du gibst) ausgedrückt ist. Dieses Denken ist schon berechnend und rechnet die Bedingungen genau aus. Was da verloren geht, ist das Gefühl für eine bedingungslos sich verströmende und unerschöpfliche Quelle der Kraft, die sich davon nährt, daß alles im Fließen, d.h. im Umlauf ist. Die genaue Aufrechnung bringt das Bewußtsein auf die rationale Ebene der Berechnung, wo alles begrenzt, definiert und erschöpflich ist. Diese Ebene hat zweifellos eine wichtige Berechtigung und Bedeutung im Sinne der Alltagsgestaltung, dient aber nicht zur ekstatischen Erhöhung des Lebensgefühls. Dieses stellte sich allein durch die Vorstellung von einer bedingungslosen und unerschöpflichen Fülle her - im christlichen Kontext Gnade genannt: Das Geschenk Gottes an die Menschen.

Das Fest des Elements Metall wäre ein FEST DER TRENNUNG UND SCHEIDUNG (Mitgefühl), wie es übrigens, im Zuge sich vermehrender Scheidungsraten, immer häufiger als Gegengewicht zum Hochzeitsfest vorgeschlagen wird. Auch hier wird ein Tabu gebrochen: "Bis daß der Tod euch scheidet" lautet die Formel in der kirchlichen Vereinigung des Paares vor Gott. Auch vielen Menschen, die außerhalb der Kirche und der konfessionellen Gebote stehen, macht die Kündigung des eingegangenen Heirats-Vertrages Mühe. Es herrscht Unklarheit, Verletzung, Bitterkeit und Ressentiment, das jede neue Beziehung von vornherein untergräbt und sabotiert. Es ginge hier auch um KLAGEFESTE und ABSCHIEDSZEREMONIEN. Solche werden ebenfalls schon als therapeutisches Angebot in Kursen und Workshops realisiert, aber was fehlt, ist das Moment des Festes und des Feierns, also der Lust.

Das Tabu, das in Klagefesten gebrochen würde, wäre, statt klagend im Leid steckenzubleiben und chronisches Leiden anzustreben, das Klagen selbst als Anlaß und Möglichkeit für ekstatisches Erleben zu nehmen: Den Schmerz herauszubrüllen, sich die Haare zu raufen, Kleider zu zerfetzen, ganz ins Drama gehen, in die Tragödie, ins Theatralische, ja, ein Theater machen, und was für eins! und sich daran zu berauschen. Und dann würde sich zeigen, daß der Rausch der Klage vom Leid befreit, die Passion durch das Leiden hindurch führt, und die Passion Christi eigentlich so gemeint ist.

Das Fest des Elements Wasser wäre der TOTENTANZ (Vertrauen). Aus den Zeiten, in denen die Pest herrschte und der Tod ganze Landstriche entvölkerte, die Hinfälligkeit und Vergänglichkeit des physischen Daseins also augenscheinlich war, wird uns von exzessiven Festen berichtet - so etwa E.A. Poes Novelle "Der Rote Tod". Die Toten oder den Tod selbst zum Gelage einzuladen, ist ein bekanntes Motiv in der Literatur. Dahinter steht das Bedürfnis, sich mit der existentiellen Lage des Menschen, mit der Conditio humana auseinanderzusetzen, und dies nicht asketisch und weltverdrossen, sondern ekstatisch bejahend. Heute, im Zeitalter von AIDS, werden Totenfeste und Totenrituale wieder aktuell. In den USA z.B. werden solche Feste vor allem in homosexuellen Kreisen schon gefeiert, und die Hinwendung zur lebensbejahenden Ekstase, selbst im Augenblick des Sterbens, sollte dabei eine wichtige Orientierung sein. Damit wird das Tabu des Verschweigens, Verdrängens gebrochen, ebenso wird die unbewußte Verknüpfung von Vergänglichkeit, also Krankheit und Tod, mit Erbsünde und individueller Schuld aufgelöst. Damit wird das Sterben als möglicherweise größtes Erlebnis im Leben und zweifellos als ekstatische Möglichkeit der Grenzüberschreitung eingeschätzt. Endlich wertgeschätzt.

SPIELREGELN FÜR EIN GELUNGENES FEST

1. Anschluß an die Instinkt-Ebene, Wechsel auf die Es-Ebene, Anhörung der instinktiven, der "tierischen" Bedürfnisse, der Emotionen.
2. Risiko des Tabu-Bruchs, Durchbrechung der Gewohnheitsmuster.
3. Ausrufung des ekstatischen Ausnahmezustandes für die Dauer des Festes.
4. Würdigung der Erwartungshaltung und der Vorfreude, auch der Ängste, Bedenken und Widerstände.
5. Einbeziehung der selbsterfüllenden Prophetie, die die Fähigkeit zur Autosuggestion voraussetzt, Focusierung der Erwartung auf eine positive, bereichernde und belebende Nachwirkung des Festes.
6. Das Motiv, das motiviert: Was soll das Fest bewirken und welche Vision der Zukunft eröffnet sich durch die Anhörung der Instinkte?
7. Wie werde ich das festlich-ekstatische Erlebnis des Festes in meinen Alltag integrieren? Oder, anders herum: Woran würde ich in meinem Alltag danach merken, daß es ein gelungenes und im besten Sinne notwendiges Fest war?
8. Techniken, die den Wechsel vom alltäglichen und gewöhnlichen Bewußtsein in die nicht-alltäglichen und ungewöhnlichen Bewußtseinszustände erleichtern - die erprobte und gekonnte Praxis von Trance-Induktionen verbaler und non-verbaler Art.
9. Die Einsetzung eines Feste-Managements, das nicht nur managed und organisiert, sondern auch die Erlaubnis erteilt, in den festlichen Ausnahmezustand zu gehen - also als legitimierende und initiierende Autorität auftritt. Und dadurch animiert. Wir haben es hier mit einer Art Animation der gehobenen Klasse zu tun.
10. In dem Augenblick, wo wir es mit dem sogenannten Chaos - also der Aufhebung aller Gewohnheiten und geltenden Regeln - zu tun haben, müssen wir umso mehr um Strukturierung besorgt sein: Struktur gibt den Menschen das Gefühl der Sicherheit und Ordnung, aus dem heraus sie dann erst wirklich loslassen können.

11. Der Rahmen der Zeitstruktur wird festgelegt und möglichst genau eingehalten: Das richtige Timing, das genau pünktlich anfängt und aufhört, ist ein Zeichen wunderbarer Verbundenheit mit sowohl den eigenen, als auch den kollektiven Instinkten: Im Timing beweist sich die Fähigkeit zur Koordination und Synchronisation. Für notorisch unpünktliche Menschen eine Hilfe und Suggestion: "Ich brauche meine Unpünktlichkeit nicht mehr um mir meinen Raum zu schaffen - ich bin verbunden mit allem, was existiert, und komme genau zum richtigen Zeitpunkt an den richtigen Ort."
12. Der Verlauf des Festes wird festgelegt und möglichst genau eingehalten: Eine gute Inszenierung verlangt nach präziser Akzentsetzung und einem harmonischen, d.h. proportional abgestimmtem Aufbau. Der klassische Aufbau von Spannung bzw. Aufbau von Spannung in Form von Entspannung, teilt das Drama in drei Akte. Der erste dient alleine der Einstimmung und der Exposition, also der Einführung in das Motiv, das das Fest bestimmt. Der zweite Akt leitet eine Beschleunigung des Erlebens und eine Zuspitzung der Ereignisse ein. Es kommt zu einem höchsten Punkt auf der Kurve der Spannung, die nun abfallen wird. - Spannung kann sich am besten aufbauen, wenn sich die Phase der Entspannung schon in der eleganten Kurve der Führung ankündigt. Es muß einen höchsten Punkt der Kurve geben, der von Anfang an miterlebt wird - das reizt, reißt mit und spannt zugleich den Bogen zwischen Anfang und Ende, Spannung und Entspannung. Die Berechenbarkeit dieses Bogens, so weit er auch gespannt sein mag, ist wie ein architektonisches Gesetz: Es geht darum, sich darin geborgen zu wissen, getragen zu fühlen. Der Höhepunkt ist der Gipfel, der Ausschau nach beiden Seiten, zum Anstieg und Abstieg hin, gewährt. Der Höhepunkt kann die Krise sein. Die Krise kann der Höhepunkt sein.
13. Das Ende des Festes sieht statt eines ent-täuschenden Abfalls in die Alltäglichkeit (der berühmte müde graue Montag) eine Visualisierung des festlich belebten Alltags vor. Das Fest-Management stellt auch hier sein Know-How für bessere, lustvollere und intelligentere Bewältigung von Alltagsproblemen zur Verfügung. Der sanfte Ausklang, der begleitet ist von individuellem Ausdruck und Austausch, eröffnet Freiräume. Es mögen sich Untergruppen bilden, die das offizielle Fest in den privaten Bereich hinein verlängern. Den Einzelgängern ist ihre Ruhe und Abgeschiedenheit garantiert - das Fest hat ein offizielles Ende. Jede Verlängerung beruht auf freiwilliger Entscheidung. Manchmal bilden sich Gruppen, die wöchentlich, monatlich feiern, die einen neuen Kult ins Leben rufen.
14. Eine Dokumentation oder irgendeine Art von Veröffentlichung über das Fest wäre schön, denn: Es erreicht die Öffentlichkeit und beschreibt das Modell eines notwendigen Kraftaktes.

Genau: Feste sind Kraft-Akte.
Auf! Es gibt genug Not, die auf ihre Wende wartet.

Das Götter-Elixier ist: Sein für immer.
Sein Geist strahlt still,
Geheimnisvollen Spiegeln gleich,
Vertreibt mit seinem Schein
Die Schatten dieser Welt.
Sein Körper, schwerelos,
Schwebt frei wie eine Wolke.

(Li Feng)

Einige zusätzliche Spielanweisungen:

1. Es ist darauf zu achten, daß alle sinnlichen Ebenen bedacht und angesprochen werden. Es ist zwar bei jedem Fest entsprechend dem Element ein bestimmtes Sinnesorgan im Vordergrund, wie z.B. Holzfest - Sehen, Feuerfest - Sprechen und Singen, Erdefest - Schmecken und Tasten, Metallfest - Atmen, Wasserfest - Hören, aber eine festliche Atmosphäre stellt sich vor allem über die ausgewogenen Sinnesfreuden her (siehe Anhang).
2. Ein wichtiger Bestandteil zur Veränderung ist auch die Ernährungsweise. Wir haben exemplarisch pro Fest einige Rezepte angegeben. Es kann von seiner geschmacklichen und thermischen Ausrichtung her einen Hinweis darauf geben, wie die Ernährung für ein entsprechendes Element ausschauen könnte, damit es ins Gleichgewicht kommt.
3. Wir haben Julian Horkey gebeten, für jedes Fest eine eigene Musik zu komponieren. Sie drückt die Festatmosphäre aus und kann auch für den Höhepunkt bzw. zur Unterstützung der Hauptübung verwendet werden. Dazu empfehlen wir, die Musik eines Festes von der CD auf eine Audiocassette wiederholt zu kopieren.
4. Außerdem haben wir bei der Beschreibung der Feste Wert darauf gelegt, daß der Sprachfluß und Rhythmus dem Charakter des Elements angepaßt ist.
5. Ein Vorschlag für Tischkarten und Wahrsagekarten: Die Seiten mit den eingerahmten Sprüchen fotokopieren, ausschneiden und auf Karton kleben. Zusammen mit den Fragen und den Einladungen können diese Karten einen wichtigen Impuls zur geistigen Anregung der Gäste geben, wobei der Kreativität keine Grenzen gesetzt sind.
6. Zuletzt sei noch erwähnt, daß uns die deutsche Sprache bei der Androgynität der Organpersönlichkeiten Schwierigkeiten bereitet hat. Wir haben uns entschlossen, die Artikel wegzulassen und, wenn unbedingt notwendig, die männliche Form als die (leider) gebräuchliche zu verwenden.

DIE FESTE – VORGESCHICHTE

Der Herzkaiser saß nachdenklich auf seinem Thron. Der Rhythmus des Lebens war wie immer als gleichmäßig pulsierendes Geräusch vernehmbar, und es schien, als würde im Reich alles in Ordnung sein. Doch der Herzkaiser wußte, daß das beruhigende Pochen Ruhe und Ordnung nur vortäuschte. In seinem Land war vieles ins Ungleichgewicht geraten. Letzte Nacht hatte er einen Traum, der all seine Befürchtungen bestätigte und ihn zu raschem Handeln ermahnte. In diesem Traum zogen tausende Menschen schreiend und brandschatzend durchs Land, plünderten, was sie nur finden konnten, und zerstörten alles, was ihnen unter die Hände kam. Die Menschen gebärdeten sich wild und unkontrolliert, kurz, das ganze Land war aus allen Fugen geraten. Es gab kein Recht, keine Ordnung, nur Mord und Totschlag, Gier und Neid. Zwar war dem Herzkaiser bekannt, daß sich solche Begebenheiten wie ein roter Faden durch die Geschichte der Menschheit zogen, doch war er sich auch sicher, daß diese Ausbrüche nicht zufällig auftraten. Aber was war die Ursache, und vor allem - was konnte er dagegen unternehmen?

Er rief sich alle Berichte über sein Volk ins Gedächtnis, die er in den letzten Jahren erhalten hatte. Während er darüber nachdachte, fiel ihm auf, daß bestimmte Verhaltensweisen zu bestimmten Jahreszeiten auftraten. Letzten Frühling wurde ihm berichtet, daß die Menschen bei den nichtigsten Anlässen Wutanfälle bekamen und sich nur mehr stritten und prügelten, anstatt ihrer Arbeit nachzugehen. Im Sommer des Vorjahres steigerte sich die Lebensfreude der Menschen bis zum Exzeß und sie gebärdeten sich so hysterisch, als würden sie auf dem Feuer reiten. Auch das störte den harmonischen Ablauf des Lebens empfindlich. Zwei Jahre davor waren die Meldungen des Spätsommers besonders schlimm. Die Menschen saßen träge vor ihren Häusern und kümmerten sich nicht im geringsten um die Ernte. Sie glotzten nur blöde vor sich hin und murmelten unverständliches Zeug, während das Getreide auf den Feldern faulte. Mehr als die halbe Ernte wurde auf diese Weise vernichtet. Vor drei Jahren verwandelte sich im Herbst das halbe Reich plötzlich in ein Jammertal. Die Leute hingen wie Trauerweiden herum und klagten und weinten, als wäre es der letzte Herbst, den sie erleben durften. Die Klagelieder verbreiteten sich wie eine Epidemie und die Herbstarbeit wurde sträflich vernachlässigt. Der Herzkaiser erinnerte sich auch an einen besonders strengen Winter. Es war der schlimmste Winter, den er je erlebt hatte - aber nicht die Kälte machte ihn so schlimm, sondern das Verhalten der Leute. Die Bevölkerung fürchtete Schnee und Kälte so sehr, daß sie sich ängstlich in ihren Häusern verschanzte und mit nichts herauszulocken war. Jede Kommunikation erstarb und das öffentliche Leben fror buchstäblich ein.

Der Herzkaiser seufzte über diese Erinnerungen. Zum Glück dauerten diese eigenartigen Ausbrüche immer nur wenige Wochen. Es war, als würde sich Jahr für Jahr für kurze Zeit ein böser Zauber über das Land legen. Wieder seufzte der Herzkaiser tief. Er glaubte nicht an solche Zaubereien. Die Tatsachen waren zwar noch nicht so schlimm wie sein Traum, trotzdem mußte er etwas dagegen unternehmen. Aber was bloß? Eine tiefe Sorgenfalte grub sich in die Mitte seiner Stirn.

Perikard, sein Stellvertreter, beobachtete den Herzkaiser schon eine ganze Weile. Es war höchst ungewöhnlich, seine Majestät in solcher Stimmung zu sehen. Da Perikard für das Wohlergehen des Herzkaisers verantwortlich war, trat er an den Thron, und fragte nach einer tiefen Verbeugung, welch dunkle Wolken das Gemüt des Kaisers so beschatteten. Der Herzkaiser seufzte zum dritten Mal und erzählte Perikard von seinem Traum und all seinen Sorgen. Perikard war ein weiser Mann und die Begebenheiten im Reich waren auch ihm nicht entgangen. Schon längst hatte er in den alten Schriften nach Hinweisen für solche besorgniserregenden Vorkommnisse gesucht. Zu seinem Erstaunen wurden Zustände dieser Art sowohl in Schriften taoistischer Gelehrter als auch im Nei Jing, einem uralten chinesischen Medizinwerk, genau beschrieben. Ja mehr noch, er hatte auch Hinweise gefunden, wie man solche Zustände vermeiden kann.

Der Herzkaiser lauschte gespannt Perikards Ausführungen. Am Ende klatschte er begeistert in die Hände. Das war die Lösung! Er befahl, unverzüglich alle Berater zusammenzurufen. Perikard gab den Befehl an Milz, den Koordinator weiter, der sich sofort daran machte, die hohen Damen und Herrn aufzusuchen. Am frühen Abend, in der Stunde der Dämmerung, waren alle vollzählig in der riesigen Ratshalle versammelt.

Perikard berichtete den Weisen von den Problemen im Reich und auch, welche Lösungsmöglichkeiten er in den alten Schriften gefunden hatte. In alten Zeiten war es üblich, den Beginn einer neuen Jahreszeit mit einem großen Fest zu feiern, zu dem Arm und Reich, Jung und Alt, kurz gesagt, das ganze Volk, geladen war. Diese Feste brachten Himmel und Erde wieder ins Gleichgewicht. In diesen glücklichen Zeiten lebten die Menschen im Einklang mit den Jahreszeiten und der Natur und die Ernten waren reich. Perikard eröffnete der Ratsversammlung, daß der Herzkaiser beschlossen hatte, ab sofort wieder solche Feste zu feiern. Der Winter war fast zu Ende und es blieb gerade noch genügend Zeit, Vorbereitungen für ein Holzfest zu treffen. Zum Abschluß zitierte er eine bekannte Stelle aus dem Nei Jing. Sie lautete:

"Die Tradition lehrte mich,
daß die Menschen in grauer Vorzeit
hundert Lenze und Herbste verbrachten,
ohne daß ihre Aktivität abnahm.
Heute schwindet diese bei allen Menschen
auf halbem Wege zu diesen hundert Jahren.
Könnte es sein, daß die Zeit und das Jahrhundert nicht mehr die selben sind?
Sind nicht die Menschen daran schuld?

Der Arzt antwortet:
Die Menschen der grauen Vorzeit beachteten den Weg, (gemeint ist das Dao) strebten dem Yin/Yang nach, sie waren völlig eins (atmeten nur in Harmonie) mit den Praktiken und den Zahlen. (d.h. der Tradition und innerhalb von bestimmten Vorschriften) Essen und Trinken hatten ihre Grenzen, Handeln und Ruhe ihre Norm,
man entkräftete sich nicht unbesonnen
und so hielten Körper und Geist zusammen.
Man schöpfte die natürliche Lebensspanne aus
und ging hundertjährig davon.
Bei den Menschen von heute - nichts dergleichen. Den Alkohol macht er zu seiner Suppe,
den unmäßigen Lebenswandel zu seiner Gewohnheit, wankend geht er ins Schlafzimmer;
Die Leidenschaften trocknen seine Gemüter (Säfte) aus, seine Verschwendung vergeudet seine Echtheit (Wahrhaftigkeit). Unfähig seine Vollendung zu erhalten (seine Fülle zu erhalten), führt er seine Gemüter zu Unzeiten (führt er seinen Geist in Verwirrung)."

Leber, der Kaiserliche Planer, konnte sich kaum noch halten und begann, gleich nachdem Perikard geendet hatte, seine Ideen vorzutragen. Niere, der Finanzminister, warf sogleich die Frage der Finanzierung auf, und bald redeten alle aufgeregt durcheinander, bis sich Milz, der Koordinator, endlich Gehör verschaffen konnte. Er wies jedem Ratgeber eine Aufgabe zu, die seinen Fähigkeiten entsprach. Bei der nächsten Ratsversammlung, in einer Woche, sollten sie ihre wohlüberlegten Vorschläge vorbringen. Unter zustimmendem Gemurmel löste sich die Versammlung auf.

Eine Woche später trafen alle zur festgesetzten Stunde in der Ratshalle ein. Lunge, der oberste Zensor, eilte als letzter mit einem riesigen Stoß Gesetzbücher und unzähligen Schriftrollen unter dem Arm, fliegenden Schrittes herbei. Bis zur letzten Minute hatte er die Gesetze genauestens studiert, denn auch bei großen Festen mußte alles seine Ordnung haben. Der Herzkaiser eröffnete die Versammlung mit einer kurzen, ermutigenden Ansprache und wies noch einmal in aller Deutlichkeit darauf hin, wie wichtig diese Feste für das ganze Reich seien. Dann gab er das Wort an die Ratgeber.

Leber hatte unzählige, phantastische Ideen, die er sogleich ausführlich zu erläutern begann. Nur mit Mühe konnten ihn die anderen dazu bringen, sich auf das Wesentlichste zu beschränken, was ihn offensichtlich ein wenig frustrierte. Als nächster teilte

Niere, der Finanzminister, der Ratsversammlung mit, daß er Mittel und Wege gefunden habe, die Feste zu finanzieren. Das hörte Dünndarm gern. Er war für den Einkauf zuständig und hatte eine endlos lange Einkaufsliste vorzuweisen. Auf die Einkäufe wartete Magen schon begierig, denn seine Aufgabe war es, sich um die Weiterverarbeitung der Materialien zu kümmern. Er war der einzige, der zu diesem Zeitpunkt noch nicht tatkräftig mitarbeiten konnte, was ihm gar nicht behagte. Er hungerte schon danach, endlich etwas tun zu können. Ungeduldig knurrte er Dünndarm an, er solle sich ja beeilen und ihm schleunigst die nötigen Dinge herbeischaffen, denn sonst würde ihm die Zeit zu knapp, alles in Ruhe verarbeiten zu können. Zeitdruck machte ihn immer ganz krank, und er, Dünndarm sei schuld daran, wenn... Energisch fuhr der Zensor dazwischen und ermahnte Magen, sich an die bestehende Ratsordnung zu halten. Dann legte er einen detaillierten Plan über den Ablauf des ersten Festes vor. Mit einem ernsten Blick auf Leber wies er auf die Notwendigkeit hin, sich auch bei einem fröhlichen Fest an bestimmte Richtlinien zu halten, da es sonst ein unüberschaubares Chaos würde. Leber war zwar nicht besonders erfreut darüber, sah aber ein, daß eine gewisse Ordnung tatsächlich notwendig war und versprach, seine Pläne danach auszurichten. Gallenblase war für das Personal zuständig und hatte bereits begonnen, geeignete Leute für das Fest auszuwählen. Eine kleine Armee von Helfern stand bereits zur Verfügung. Dickdarm, der Umwelt- und Verkehrsminister, hatte nicht nur für eine reibungslose An- und Abfahrt der Festgäste zu sorgen, sondern mußte sich auch nach Absprache mit Dünndarm überlegen, wie die zu erwartenden Reste vom Fest weiterverarbeitet werden konnten. Gewiß keine leichte Aufgabe, aber er versicherte mit bedächtiger Brummstimme, daß das kein Problem für ihn sei.

Milz war mit der Arbeit der Berater sehr zufrieden. Da nun der Ablauf des Festes genau festgelegt war, erteilte er Blase den offiziellen Auftrag, Einladungskarten anzufertigen und auszusenden. Dreifach-Erwärmer, der Außenminister, hatte die würdevolle Aufgabe "die Ideen des Kaisers", nämlich die Idee, ab sofort Feste zu feiern, im ganzen Land zu verbreiten und die Stimmung ein wenig aufzuheizen. Heute würde man seine Arbeit als "Public Relations" bezeichnen, aber damals hatte man noch keine Ahnung davon.

Der Herzkaiser war restlos begeistert. Es blieben noch sechsunddreißig Tage bis zum Holzfest. Das war genug, um noch rechtzeitig mit allen Vorbereitungen fertig zu werden. Zuversichtlich schloß er die Ratsversammlung und alle machten sich freudig an die Arbeit.

"Wenn du erwachst, ist es
wie das Aufleuchten einer
Lampe in der Nacht,
Wie wenn in der
fensterlosen dunklen
Kammer plötzlich Helle
erscheint. Wenn du diese
Existenz nicht in diesem
Leben erlöst, wann willst
du sie dann erlösen?"
(in: Meister)

"Klein wie ein Blatt schwimmt das
Boot auf dem großen Meer,
Doch selbst zehntausend Fuß hohe
Wellen und Wogen können es nicht
zurückschrecken!"
(in: Meister)

"Betrachten wir etwas, dann konzen-
trieren wir uns sanft auf das Objekt,
so daß die Form eine Art Gefühl in
uns hervorruft. Wenn wir unsere
Augen auf diese Weise gebrauchen,
dann ermöglichen wir ein ekstatisches
Zusammenspiel zwischen inneren und
äußeren Energien. Dann wird Sehen
zur Schau, zu einem ständigen Aus-
druck lebendiger Ganzheit."
Tarthang Tulku

HOLZFEST

MELDUNGEN:

Rückblickend konnte keiner von ihnen mehr sagen, wie es angefangen hatte. Sie hatten sich nicht einmal ein Ziel gesetzt, stellten sie viel später fest. Es ging darum, loszurennen, einmal wieder sich frei zu fühlen, aufzubrechen, egal wohin - sie preschten los, brachen durch das Unterholz einer ihnen fremden Landschaft, die noch weitgehend unentdeckt und unzugänglich, auch nicht ganz ungefährlich war. Aber so wollten sie es, als Abenteuer, und über eines konnten sie sich später, als sie den Fall rekonstruierten, doch einigen: Daß es an der Farbe gelegen haben muß. Es war etwas Unverschämtes in diesem Grün des Vorfrühlings, das kaum noch erstarkt und widerstandsfähig, sehr sanft und sehr aufdringlich dem Auge unbewußte, unkultivierte, rohe Signale setzte. Mit einem einzigen Aufschrei begann es. Sie waren mit brüllenden Motorrädern unterwegs, mit Wüstenwagen, Vierradantrieb, für die Sumpf- und Moorpartien, die sie zu besiegen gedachten, alles war geplant, durchorganisiert, auch die Routen zu Fuß, und auch das Außersichsein, das jede Erinnerung wegfegte, das alles war geplant. Man sprach von einem gelungenen Fest der Triebe, des Zorns, realisiert irgendwo im nördlichen Osten der ehemaligen Sowjetrepublik - eine neue Wildnis, die herausforderte, und waren es auch nur die Vorstellungen von Taiga und flirrenden Birkenblättern, dem Schimmern der silbernen Rinde und das Einlösen aller Träume von Abenteuer durch das tatsächliche Surren der Stechmücken, das einen zur Raserei bringen konnte. Auf und davon, alles hinter sich lassen, vor allem das beständige Surren und Summen, das hartnäckig sie verfolgte, oder bildeten sie sich das nur ein? Sie brauchten einen Feind, und sie nannten ihn simpel: Natur. So preschten sie am frühen Morgen los und schlugen alles nieder an Geäst, was ihnen entgegen kam. Sie spürten den Wind, sie liebten den Wind dafür. Sie verfingen sich freiwillig, nur um sich schlagen zu können. Sie zerkratzten sich restlos, um einen Grund zu finden, Sehnen und Muskeln in wilder Reaktion sich aufbäumen zu lassen. Es roch ranzig nach Schweiß, und sie rochen sich selbst gerne , es war guter Schweiß, säuerlich. Ein seltsamer Kreuzzug ohne Überzeugung und festen Glauben muß das gewesen sein: Voller Wut, Zorn, Erregung, ungehemmt, und ohne bestimmtes Ziel. Abschließend jedoch fanden alle, daß die Unternehmung optimal verlaufen und die Operation gelungen war. - Sie nannten es Operation, um sich den Anschein zu geben, das, was sie da blindlings und instinktiv sich erlaubten zu tun, hätte doch eine militärstrategische Funktion gehabt.

Baikalsee, Sibirien, und darüber hinaus – auf in den wilden Osten!

Aus unserem Angebot:

Gewinnen Sie tausend Meilen Freiheit! Gewinnen Sie tausend Meilen Wildnis! Gewinnen Sie sich selbst, indem Sie sich neu finden auf dieser Abenteuerfahrt, auf der alles möglich ist. Gewinnen Sie tausend Meilen Abstand zur Zivilisation und allem, was Sie nicht daran mögen - machen Sie sich frei, lassen Sie sich sein, so wie Sie von der Natur ursprünglich bestimmt worden sind : Instinktiv sicher, organisch verwurzelt in Ihrer Kraft, jetzt neue Entscheidungen zu treffen . Sie werden diese Reise nie vergessen: Jetzt können Sie die Weichen stellen - nutzen Sie diese besondere Zeit und ein außergewöhnliches Energiefeld, um dem Gewohnheitstrott zu entrinnen. Brechen Sie aus Ihrem Alltag, leben Sie einmal wirklich in Ihrem Leben, kommen Sie zu uns! Wir übernehmen alle nötigen Vorbereitungen, damit Sie sich ganz gehen lassen können, ganz Sie selbst sein können, so wie Sie es immer schon sein wollten, ganz Trieb und Tatkraft. Bei uns dürfen Sie sich gehen lassen, denn bei uns gehen Sie sicher, daß Ihr ganz individuelles Abenteuer nicht nur einen Anfang, sondern auch ein gutes Ende hat. -stop-

Einladungskarten

Vorbereitung:
Die Festgäste werden gebeten, 12 Tage vor dem Fest eine Grünkernkur zu beginnen und täglich eine dynamische Meditation durchzuführen.

Setze Dich mit folgenden Fragen auseinander:
Hauptfrage: WARUM?
Wie muß sich ein Mensch benehmen, um mich in Raserei zu versetzen? Was bringt mich auf die Palme? Wenn die Wut verhalten in mir köchelt, wie fühlt sich das im Körper an? Wie drückt sich meine Wut aus? Wie wirke ich auf andere, wenn ich wütend bin? Lasse ich mir meine Wut anmerken? Habe ich oft Augenbrennen? Habe ich oft Muskel- und Sehnenverspannungen? Habe ich Krämpfe? Habe ich als Frau prämenstruelle Beschwerden? Lebe ich in meinem Beruf meine Berufung? Bin ich kreativ und voller Tatendrang? Plane ich gerne? Was inspiriert mich und macht mich kreativ? Was hindert mich in meiner Kreativität?

Kleidungsvorschriften:
Die Festgäste werden gebeten, in den Farben Grün und Blaugrün zu erscheinen. Outfit: Freizeit, Abenteuer, kreativ, verspielt und einfallsreich.

SKANDALE:
Außenminister Dreifach- Erwärmer reiste durch das Land, um sich davon zu überzeugen, daß die Werbekampagnen und Einladungen zum Fest ein positives Echo im Volk hervorriefen und sich alle entsprechend vorbereiteten. Auf seiner Reise sah er immer wieder riesige Flächen abgeholzter Wälder. Von der Bevölkerung erfuhr er, daß es keinen wirklichen Grund dafür gab. Waldbesitzer ließen scheinbar willkürlich ihre Wälder kahl schlagen und sie binnen kürzester Zeit in trostlose Gebiete verwandeln. Ihm wurde versichert, daß dieses wahnsinnige Treiben in keinerlei Zusammenhang mit der Nachfrage nach Holz stand.

DAS FEST:
Inmitten der finstersten Wälder im Osten des Reiches stand ein Schloß. Wilde Ranken und Dornengewächse ließen es furchtbar verwunschen aussehen. Ein riesiger Zaubergarten, der nichts anderes war als ein raffiniert angelegtes Labyrinth, umringte das Gebäude wie eine schützende Hand. Hier sollte das Frühlingsfest stattfinden.

Die Wälder waren undurchdringlich und völlig frei von Wegen. Nur hie und da grub sich ein Flüßchen plätschernd einen Weg durchs Unterholz. Aber die Gäste ließen sich von solchen Kleinigkeiten nicht abschrecken. Wer wagt gewinnt, sagten sie, packten ein paar Vorräte ein, Knüppel und Stöcke und Klopapier und was man unterwegs sonst noch so brauchen konnte, und machten sich mutig auf den Weg. Bestens ausgerüstet schwangen sie sich auf ihre stolzen Rösser oder weniger stolzen Maulesel, bestiegen wagemutig ihre Flöße oder reisten in Gruppen in Kutschen oder flogen mit Drachenbussen. Die Drachenbusse waren zwar entsetzlich schnell und entsetzlich energieaufwendig, dafür aber ziemlich sicher, ziemlich zugig und ziemlich teuer. Mit einem Wort, ein ziemliches Abenteuer.

Tagelang kämpften sie sich verbissen durch die Wildnis, verirrten sich, fanden sich wieder, kämpften weiter. Sie kämpften gegen alles, was ihnen in den Weg kam: Gegen wilde Tiere, gegen den Hunger, gegen sich selbst oder sonst jemanden. Zerkratzt, hungrig und erschöpft, aber mit stolzgeschwellter Heldenbrust erreichten sie endlich den Eingang des Labyrinths. Aber wo war das Empfangskommitee? Wo der Gastgeber? Nur ein schrulliger, großgewachsener Alter, der wie ein arbeitsloser Zauberer aussah, stand am Eingang wie ein nutzloser Pförtner, der mit regem Desinteresse den Rest seines Lebens hier abstand. Eine Welle der Enttäuschung durchwogte die unbejubelten Helden. Aber so leicht ließen sie sich nicht unterkriegen. Sie waren ja verwegene Abenteurer, die nichts, aber auch gar nichts erschüttern konnte. Sie verbargen ihren Ärger vor sich und den anderen und machten sich mit grimmiger Entschlossenheit auf die Suche nach dem rechten Weg durch das Labyrinth.

Viel braucht man darüber ja nicht zu erzählen, denn es ist ja allgemein bekannt, wie es in so einem Ding zugeht. Oder doch nicht? Für alle, die in keiner ihrer früheren Inkarnationen in den Genuß eines Irrgartens gekommen sind: Es ist genau so, als würde man heutzutage in der Stadt Auto fahren. Einbahnstrassen, Holzwege, Sackgassen, Kreisverkehr ohne Ausfahrt, Sackgassen, Sackgassen. Verkehrszeichen gab es in diesem Irrgarten freilich keine, dafür aber eine ganze Menge Gaukler, Geschichtenerzähler, Zauberer und Irrlichter, die, wie ein Autoradio, zum Teil für Unterhaltung sorgten und zum Teil, wie die heutigen richtungsweisenden Meldungen im Verkehrsfunk, so taten, als würden sie den bestmöglichen Weg zeigen. Aber denkste. Oberflächlich reichte der ganze Zirkus (heute wie damals) zwar aus, um die Helden und Heldinnen bei Laune zu halten, aber tief unter ihrer Haut erhitzte die Wut die Leber und das Blut.

Am späten Nachmittag waren sie erst ungefähr bis zur Hälfte des Irrgartens vorgedrungen und ungefähr so wütend wie ein hungriger Tiger, den man mit einem Fleischbrocken foppte. Ihre leicht geröteten, wild funkelnden Augen konnten sich vor lauter grimmig-dreinschauen an dem erfrischend-grünen Buschwerk gar nicht mehr erfreuen. Die Menge murrte, die Menge grollte, die Menge tobte, die Menge schäumte vor Wut. So eine bodenlose Sauerei! Sie zerrissen ihre Einladungskarten, trampelten und sprangen darauf herum und schrien, was die Kehlen hergaben. Sssss...., wie ein Sturmwind bewegten sie die stille Luft. Schon das Ssss... von "Sauerei" und anderen Worten, die mit S anfingen, bog die Zweige mit solch gewaltiger Kraft zur Seite, daß die Büsche flach lagen. Und noch einmal Ssss wie Salzamt, "Wir werden uns beim Salzamt beschweren", kreischten sie, "und die Reisekosten zurückverlangen".....Sssssss......die Büsche peitschten zur Seite. Das Gehölz hielt diesem Ansturm nicht mehr stand, neigte sich stöhnend, brach und gab einen Weg frei. Jipeee!! Wie vom Teufel geritten preschte die Masse wie ein einziger zuckender Riesenkörper vorwärts - geradewegs auf das Schloß zu. Endlich am Ziel!

Gelangweilt lag die Zugbrücke über dem ebenso gelangweilten Schloßgraben. Beide hörten sofort auf, sich zu langweilen, als die wildgewordene Menge über sie hinwegstürmte. BUMM. Wie ein Riesenmaul klappte die erschreckte Brücke zu, nachdem der letzte Gast über sie gejagt war - und sie blieb auch zu. Und die Gäste? Die saßen verdutzt im Vorhof des Schlosses gefangen. Gefangen? Ja, gefangen, denn der Hof war so dicht und auswegslos wie ein Kochtopf. Die rasch hereinbrechende Nacht setzte dem Ganzen noch den Deckel auf.

Was für ein wildes Abenteuer! Die rasch entfachten Lagerfeuer machten die Sache auch noch wild romantisch. Und die Helden der Geschichte waren wie wild geladen. Es herrschte wirklich eine Bombenstimmung. Doch das ganze wilde Abenteuer war noch nicht wild genug.

Aus den Feuerstellen krochen seltsame Menschen, oder waren es nur Trugbilder? Niemand konnte es sagen. Sie sahen auf jeden Fall, trotz oder wegen ihrer mittelalterlichen Kleidung, echt wild aus. Sie sahen aber nicht nur echt und wild aus, sondern sie sprachen auch echt wild. Sie erzählten von längst vergangenen Schlachten, aber nicht wie das Fräulein in der Schule, sondern wie ein Kriegsberichterstatter: Einfach, packend und emotionsgeladen - einfach echt. Die Erzählungen trieften vor Heldenmut, Tapferkeit und Kampfgeist, was sich wie ein Lauffeuer auf die geladenen Gäste übertrug. Und bald war klar: Der Feind (wer immer das auch war), mußte besiegt werden! Und schon warf sich einer nach dem anderen ins Getümmel. Gibs ihm! Peng, patsch. Da hast du`s, und gleich noch eine. Blut, Blut, das ist gut, es nährt meine Wut. Knüppel sausten auf die Köpfe der Feinde. Flapp, wieder ein zertrümmerter Schädel. Stock gegen Stock, Schlag gegen Schlag kämpften die Gäste verbissen gegen ihre Feindbilder. Mit Geheul stürzten sie sich über sie und metzelten sie in einem wahren Blutrausch nieder.

Am östlichen Teil der Mauer war das Massaker am schlimmsten. Aber ging das noch mit rechten Dingen zu? Jeder besiegte Krieger löste sich in Luft auf und drei andere traten an seine Stelle. Das steigerte die Wut der Gäste ins unermeßliche, ließ sie immer wilder kämpfen. Verstärkung kam von überall her. Alle scharten sich an dieser einen Stelle zusammen und sie kämpften, kämpften und kämpften. Das heißt, nicht alle. Manche heulten und schrien, schlugen verzweifelt die Hände vor's Gesicht, rauften sich hilflos die Haare. Furchtbar. Die blinde Raserei nahm kein Ende. Schluchzen und Kampfgeheul mischte sich mit Blut und Tränen.

PENG!

Ein allesbetäubender Knall übertraf den ohnehin schon sehr, sehr lauten Schlachtlärm. Es war, als wäre ein Hypermegasuperballon zerplatzt. Zugleich machten auch die rätselhaften Feinde "plopp" und zerplatzten wie Seifenblasen. Die östliche Mauer löste sich in Luft auf.

STILLE...
durchdringender als der schrillste Schrei. Die Kämpfer standen mit bebenden Knien und noch zum Schlag oder zur Abwehr erhobenen Armen in einem wunderschönen, riesengroßen Schloßhof und schauten extrem blöd drein.

Fassungslos glotzten sie auf blumenumrankte, mit zauberhaft bunten Lichtern bestrahlte, fröhlich plätschernde Springbrunnen und auf herumhuschende, rollende, springende, schwebende Helfer, die scheinbar in Faschingskostümen steckten oder in sportlich-zünftigen schmucken Anzügen. Sie waren als Tiere oder als Blumen verkleidet, als Magier, als Gaukler oder als sonst was. So manches Gesicht erschien so manchem Gast bekannt. War's möglich, daß sie den einen oder den anderen Wegbegleiter durch das Labyrinth wiedererkannten? Aber das war eigentlich gar nicht so wichtig. Viel wichtiger war das irre Buffet, das in allen möglichen Ecken aufgebaut war. Auf blaugrünen Tüchern angerichtet und unsagbar phantasievoll dekoriert, boten die Speisen ein dermaßen prächtiges, buntes Frühlingsbild, daß es die Gäste einfach umhaute. Plumps, saßen sie fassungslos dort, wo sie eben noch fassungslos gestanden waren.

Fröhlich grinsend eilten die Helfer umher und bewirteten die etwas ramponierten Gäste auf das Beste. Kalbsbraten, und Rindfleisch, Seitan und Tofu waren mit irre duftendem Basilikum, Oregano, Kresse, Petersilie und Kräutern der Provence raffiniert gewürzt und mit Broccoli, Spinat, Selleriewurzeln, Champignon, Mais und Polenta so toll dekoriert und ergänzt, daß sie gleich zweimal verspeist wurden: Einmal mit den Augen - die fast so groß waren wie die unbeschreiblich herrlich, runden, lockenden Pizzen, die sich inmitten des kulinarischen Augenschmauses türmten und dann - Auf-Nimmer-Wiedersehen - mit dem Mund. Kichernde Trolle servierten knackig frische Salate und ebenso erfrischende Keimlinge. Erfrischender Pfefferminztee, Jasminblättertee und vor allem Weizenbier flossen wie Sturzbäche durch die ausgedörrten Kehlen und erquickte die wackeren Kämpfer und Kämpferinnen. Köstliche Desserts aus Birnen taten ihr übriges zur Befeuchtung des wüstentrocken geschrieenen Rachens.

Irgendwann einmal war der Punkt erreicht, wo keiner mehr einen Ton von sich geben konnte.Geschweige denn die Möglichkeit hatte, einen weiteren Bissen hinunterzubringen. In diesem Moment erschien in der Mitte des Schloßhofes der große, seltsame Alte, der am Eingang des Labyrinths gestanden hatte. Es war niemand anderer als Leber, der kaiserliche Planer und Zeremonienmeister dieses Festes. Er beendete das üppige Mahl mit einer höchst phantasievollen Nachspeise geistiger Natur, indem er die bis zum Platzen satten Gäste einlud, ein inneres Lächeln zu ihrer malträtierten Leber zu schicken und sie in Gedanken in ein herrliches Blaugrün zu hüllen. Dann holte er tief Luft und ließ mit der Atemluft ein langgezogenes SÜÜÜÜÜÜÜÜÜ aus seinem Innersten. Das war so inspirierend, daß sogleich alle miteinfielen. War es ein Wunder, daß sich wie von Zauberhand jedes Völlegefühl und jedes Gefühl der Schwere auflöste? Die Gäste wußten nicht mehr, wie ihnen geschah. Nicht einmal im Traum hatten sie ein derartiges Gefühl von Leichtigkeit und Reinheit erlebt, wie es sie jetzt durchströmte.

Bum, bum, bum, bum, klangen leise Trommelschläge aus einer Ecke des Schloßhofes und noch ehe die Gäste einen Gedanken fassen konnten, waren sie schon von Tänzerinnen eingekreist, die leichtfüßig im Takt der Musik stampften und trabten. Ihr Tanz war so mitreißend, daß keiner auf seinem Hintern sitzen blieb. Alle stampften und trabten begeistert mit, schüttelten ihre Arme, schnippten rhythmisch mit den Fingern oder klatschten, jauchzten und jubelten und waren nicht mehr zu bremsen. Anregende Düfte krochen in die Nasen und belebten das Blut der Trommler und Tänzer. Die Farben des Lichts wechselten ständig. Tänzer und Tänzerinnen bewegten sich mal langsamer, mal schneller, und tanzten nach und nach in den magischen Kreis der Animateur-Tänzerinnen hinein. Jeder ertanzte sich seine eigene Welt, nach seinen eigenen Vorstellungen, es gab keine bestimmte Tanzform - und doch war es ein dynamisch-harmonisches Miteinander ... bis zu dem Augenblick, wo das Erscheinen einiger, zwar prachtvoller, aber doch erschreckend großer Tiger den fröhlichen Tanz jäh unterbrach. Entsetzt starrten alle auf die mächtigen Tiere ...

...Doch nein, kaum zu glauben - es bahnte sich kein neues Massaker an, sondern ein erregendes Schauspiel geballter, doch gezähmter Urkraft und Wildheit. War das denn möglich? Gewiß waren die Tierchen bis zum Rülpsen satt, denn sie machten keinerlei Anstalten, die Zahl der Gäste zu dezimieren. Sie hatten scheinbar viel mehr Lust auf Bewegung. Wie geschmeidig und lautlos sich diese Riesenkatzen anschlichen, ... wie anmutig sie sich duckten und zum Sprung ansetzten, ... wie kraftvoll sie fauchend in die Luft schnellten und wie unbeschreiblich sanft sie wieder auf ihren Pfoten landeten und von Neuem ihr Spiel begannen: Anschleichen - Ducken - Sprung. Ein Energiestoß, gleich einem Feuerstrahl läßt die noch etwas angststeifen Glieder der Gäste erbeben und läßt sie beginnen, die geschmeidige, kraftvolle, ästhetische Bewegung der Tiger nachzuahmen. Anfangs zwar fast so hölzern wie Pinocchio, doch es dauerte nicht lange und sie erinnerten sich wieder aller ihrer Gelenke. Anschleichen - Ducken - Sprung - Landung - was für ein herrliches Gefühl! Vom Scheitel bis zur Sohle spüren sie die Kraft der gebändigten Wildheit durch sich strömen. Ahh, war das eine satte Wonne! Nur noch vom Aussehen her konnte man Mensch und Tier unterscheiden, aber nicht mehr von der Bewegung. Ach, sie konnten gar nicht genug kriegen und hätten sich wohl ewig lang dieser lustvollen Körpertätigkeit hingegeben, wenn nicht der Zeremonienmeister plötzlich seinen Stab in die Höhe gehalten hätte, was wieder einmal alle mitten in der Bewegung erstarren ließ.

Da standen sie nun, hatten die Augen geschlossen und konnten nichts anderes tun als den Film anzuschauen, der hinter ihren Augendeckeln ablief. Doch die Bilder wurden immer blasser und seltener, so als ob ihr Psycho-Projektor endgültig seinen Geist aufgeben würde. Dann war das Privatkino zu Ende und sie konnten gar nichts mehr tun. Jede Faser, jede Zelle Ihres Körpers schien starr und unbeweglich. Ihre Muskeln begannen sich fühlbar zu verkrampfen und bebten vor Schmerzen. So gern sie ihre Position auch verändert hätten -keine Bewegung war möglich, nicht einmal atmen konnten sie. Wie verzauberte Steinzwerge standen sie da. Gott, wie lange sollte das noch dauern? In der Luft lag eine ungeheure Spannung ...

Sachte, sachte, begannen sich ihre steifen Körper, nach scheinbar unendlich langer Zeit wie von selbst zu bewegen. Sie wankten und schaukelten leise wie Blumen im Wind - sachte, sachte, hin und her, vor und zurück bis - endlich, endlich, ein gewaltiger Kraftstrom von innen nach außen drängte und sich als ebenso gewaltiger Jauchzer und Seufzer und Hüpfer entfaltete. Gott sei's gedankt, da hüpften und sprangen, tanzten und stampften und tollten sie wieder umher, daß alles nur so wackelte. Sie tobten und tollten so lange, bis sie von selbst genug hatten und sich, mit sich und der Welt zufrieden, in Decken wickelten und irgendwohin setzten oder legten.

Während ihre ausgetobten Körper die Ruhe pflegten, folgten ihre Ohren und ihr Geist gespannt der Erzählung des Zeremonienmeisters. Er erzählte von einem Pflänzchen, das naturgemäß nichts anderes wollte als wachsen. Den Gesetzen des Himmels und der Erde gehorchend streckte es seine Blätter dem Licht freudig entgegen und grub seine Wurzeln voll Vertrauen tief in die Erde. Aber so unschuldig-freudig und vertrauensvoll das Pflänzchen auch war, es konnte nicht wachsen, denn irgendjemand zwickte immer wieder seine Triebe ab, kappte die Wurzeln und zwängte es in ein zu kleines Gefäß, mit zu wenig Erde. Wie hätte es auch wachsen können, halb erstickt und beschnitten wie es war. Stumm schrie es nach Licht und Nahrung und darbte furchtbar frustriert dahin.
Den Zuhörern schnürte allein schon die Vorstellung einer solchen Behandlung die Kehle zu, quetschte ihren Brustkorb, erstickte ihre Schreie hilfloser Wut und ließ diese

als verzehrendes Feuer in ihrem Inneren brennen. Wie gut sie alle dieses Gefühl kannten - und wie entsetzlich hilflos sie dem gegenüber waren. Nur zu gut waren ihnen noch die Auswirkungen des Eingesperrt-seins, des Nicht-aus-noch-ein-könnens, und des Ausgeliefert-seins, wie sie es am Anfang des Festes erlebt hatten, in Erinnerung. Aber egal, ob man die Wut in sich hineinfrißt oder rausläßt - das Ergebnis bleibt das gleiche, am Ende ist alles zerstört.

Zum Glück kam langsam Licht in die Erzählung, die Amputationen wurden seltener, der Lebensraum immer größer und die Nahrung etwas üppiger. Mit ungebrochener Hoffnung, aber doch noch recht mißtrauisch, begann das Pflänzchen zögernd von neuem Triebe anzusetzen und grub seine Wurzeln vorsichtig tiefer in die Erde. Doch erst, als es sich sicher war, daß es keinen neuerlichen Beschnitt zu erwarten hatte und endlich wachsen durfte wie es ihm bestimmt war, entrollte es seine Blätter und reckte sie der Sonne entgegen. Hätte es eine Stimme gehabt, es hätte sicherlich gejauchzt und gejubelt - vielleicht hat es das auch, nur war es nicht hörbar, höchstens fühlbar.

Das Jubeln der Menge war allerdings hörbar. Gleich dem Pflänzchen, dem es endlich erlaubt war, zu werden was es war, fühlten sie die starke, lebensbejahende Kraft, die ihre Arme der aufgehenden Sonne entgegenrecken ließ. Genüßlich bogen und dehnten sie sich in den beginnenden neuen Tag hinein. In der vergangenen Nacht waren sie sich jedoch nicht nur ihrer Kraft bewußt geworden, sondern es hatte bei ihnen auch endlich geklingelt, als sie sich - klingelingeling- der unendlich vielen Möglichkeiten, ihr Leben zu leben und sich zu entfalten, erkannten. Es war ein Alle-Ketten-sprengendes Gefühl und sie konnten nicht anders, sie mußten ihm Ausdruck verleihen.

Nun, wie kann es anders sein - Ton, Gips und Papier warteten bereits geduldig darauf, zu Masken verarbeitet zu werden, was die erlösten Gäste auch freudig taten. Kindlich-spielerisch war ihr Werken, und doch ernsthaft. Sie kneteten all ihre Emotionen in die Form, während ihre Gesichter die göttliche Mischung von Weisheit und kindlicher Offenheit und Freude wiederspiegelten.

Im hellen Schein der ersten Sonnenstrahlen bildeten sie noch einmal einen großen Kreis, trabten und wippten leichtfüßig vor sich hin und unterstützten ihren Tanz mit einem leisen, anregenden Singsang. Ihre eben geborenen Masken tanzten mit und ließen sich von der Energie der Tänzer durchdringen und beleben.

Erst als die Sonne die kühle Nachtluft restlos erwärmt hatte, erklärte der Zermonienmeister das Fest offiziell für beendet. Er versicherte den Gästen, daß sie nun ganz leicht und sicher den Weg durchs Labyrinth finden würden -keine faulen Tricks und Fallen waren mehr zu befürchten. Als Abschiedsgeschenk ließ er jedem von ihnen eine kleine Schachtel überreichen, die sie aber erst zu Hause öffnen durften.

Jetzt seid ihr wohl neugierig, was? Na gut, wir verraten jetzt schon, was drinnen war: Drei Kräuter, die Wut und Zorn besänftigen konnten, ein kleines Buch mit taoistischen und buddhistischen Sprüchen zu diesem Thema und eine kleine Musikschachtel mit der Musik dieses Festes - als Erinnerung sozusagen.

Manche blieben noch eine Weile im Schloßhof und plauderten über das Fest. Wie baff waren sie als sie bemerkten, daß es von jedem anders erlebt worden war. Der Großteil der Gäste verabschiedete sich jedoch und begab sich auf den Heimweg - allerdings viel gemächlicher und ruhiger als bei der Anreise. Unterwegs überlegten sie sich, was sie in ihrem Leben anders gestalten könnten - nun - wenigstens an Ideen mangelte es ihnen nun nicht mehr.

"Einen Weg zur Unsterblichkeit außerhalb des Bewußtseins zu suchen wäre verfehlt. Es wäre wie die Spiegelung des Mondes im Wasser, wie eine Blume im Spiegel. Kennst du das wunderbare Prinzip des Vorhimmels? Halte dein Bewußtsein immer ungeteilt, dann besteht Hoffnung."
(in: Meister)

"Wir können eine innere Sonne erzeugen, die Gefühle ausstrahlt, die uns erwärmen und alles um uns durchdringen. Diese Energie ist wie eine fließende, pulsierende Aura, die uns durchdringt, von uns ausströmt und uns umgibt."
Tarthang Tulku

"Ch'ang-sheng-tzu sagte lachend: Der Dämon machte einen Scherz mit mir! Auch Wang Yü-Yang lachte und sagte: Ich mache einen Scherz mit dem Dämon."
(in: Meister)

"Anstatt Erfahrungen direkt aufzunehmen, unsere Empfindungen gänzlich zu verarbeiten und sie mit den Gefühlen des Herzens in, Einklang zu bringen, verfangen wir uns in den Denkmustern über unsere Erfahrungen, bewerten wir sie, ordnen sie ein und schließen daraus auf ihre Beschaffenheit. Dadurch bestärken wir das Subjekt, das Ich, das meint, eine Erfahrung zu haben, und die Erfahrung selbst wird zum Objekt, das in eine bestimmte Form und Bedeutung gezwungen wird."
Tarthang Tulku

FEUERFEST

MELDUNGEN:

"Nach Hinduismus und Buddhismus ist nun Tourismus unsere neue Religion". Diese Losung, ausgegeben von den Touristenbüros des Landes, machte nun eine internationale Gesellschaft für Inneres und Äußeres Reisen wahr, indem sie das Fest der halbwüchsigen Gottheit außerhalb seines traditionellen Datums gleich mehrmals feiern und es zusätzlich in die südliche Hemisphäre, in die sinnlich einladende Atmosphäre der Tropen verlegen ließ und mit dem Spruch für das Unternehmen warben: "Die Inseln der Seligen ist nun auch für Sie greifbar nahe". Auf Grund starker Strahlung, die bislang die Inseln als unbewohnbar gelten ließen, ist dort alles größer, üppiger, dort wachsen vor Ort genügend Früchte , um für die Nahrung der Liebenden zu sorgen. Blumen gibt es in Hülle und Fülle, um stets neu erblüht in knospigem Zustand den Gästen auf ihrem taumelnden, schwankenden Prozessionsweg mitzugeben, nein, über sie zu werfen als Willkommensgruß und Kranz, so daß die Feiernden unbehindert in kosmischer Liebeserfüllung die Arme stundenlang himmelwärts gereckt und winkend davon ziehen konnten.

Durch die Hohe Minne des abendländischen Mittelalters, die mystisch-erotische, barock-restaurative Erfahrung der Unio Mystica, der heiligen Vereinigung und Hochzeit mit Gott und schließlich durch die romantische Sehnsucht nach dem Aufgehen des Individuums im Universum besteht schon eine kulturell vorgeprägte Bahnung der Liebe, die sich aufschwingt gegen die Schwerkraft, die Menschen ergreift, mit sich nimmt, hinreißt, erhebt, verjüngt, begeistert, so daß sich alle die, die sich eingefunden haben, alle diese Abertausende in der trockenen Hitze wartend am staubig dunstigen Strand sich in ihrem ganz eigenen Innersten angesprochen und gemeint fühlten, als der Festzug mit Trommlern und Musikern aller Art sich schon von Ferne ankündigte. Prächtige Gewänder entpuppen sich beim Näherkommen und blenden durch ihren Glanz, was nicht weiter ins Gewicht fällt, da es mehr die Erwartung ist als die Realisation, die zählt. Und jener bittere Geschmack im Munde, nach unlöschbarem Durst, schallendem Gelächter und stammelndem Sprechen in exotischen Silben.

Denn zu diesem Zeitpunkt des Großen Erscheinens sind für gewöhnlich schon alle Köpfe orgiastisch verdreht, der Blick in die Unendlichkeit des Himmels versenkt. Nur ein rötlicher Widerschein wird eigentlich wahrgenommen, der auch von den eigenen Kleidern herrühren mag, denn die Teilnahme an dem festlichen Ereignis ist streng geregelt und setzt die Einkleidung ganz in Rot voraus.

Das Rot wirkt einheitlich und nachhaltig - es ist ein wahrer Blutrausch, der das rhythmische Schlagen der Trommeln als Eindruck des eigenen pochenden Herzens verstärkt. Und dieses Rot ist jetzt auf einmal ein besonderes Rot, heller und schneller als gewohnt, aufleuchtend von sich aus ohne weitere Lichtquelle als die der strahlenden Sonne, die in den wirbelnden gleißenden Falten der magischen Tänzerkostüme sich bricht. Inmitten des Zuges befindet sich, alten Überlieferungen gemäß, die Gottheit. Sie wird in einer Sänfte getragen. Ab und zu zeigt sie sich, doch meist bleibt sie verborgen. Die Legende will, daß nur Liebende sie sehen können.

Der Archetyp der halbwüchsigen Gottheit, fast noch ein Kind, und doch schon eine Andeutung auf spätere Ausreifung eines Geschlechts, das nicht festgelegt ist - die Gottheit ist männlich wie weiblich - dieser Archetyp hat in den Statistiken die höchsten Werte, spitzenmäßige Ausschläge und geradezu ekstatische Kurven erzielt. Als soziologisches Ergebnis der letzten Nachforschungen läßt sich seit diesem Jahr erstmals eindeutig sagen: Ekstase ist von nun an nicht mehr das peinliche Vorrecht einiger weniger Wahnsinniger, sondern ein Menschenrecht schlechthin. Recht auf Rausch: Es wird immer deutlicher, daß Ekstase notwendig ist, um den extremen Anforderungen eines hochtechnisierten, überzivilisierten und letztlich sich selbst entfremdeten Daseins gerecht zu werden. Vorprogrammierte und gesteuerte Massenhysterie scheint das kleinere Übel zu sein.

Nachträgliche Meldung von Eingeweihten: Die Sänfte war leer.

Einladungskarten

Vorbereitung:
Die Festgäste werden gebeten, zwölf Tage vor dem Fest nur mehr leichte, vitaminreiche, vegetarische Kost zu sich nehmen und vorzugsweise gemeinsam mit anderen, Meditationen durchzuführen, die fröhlich stimmen.

Setze Dich mit folgenden Fragen auseinander:
Hauptfrage: WANN?
Was begeistert mich, wie kann ein anderer Mensch mich anregen, wann fühle ich mich inspiriert? Rede ich manchmal wie ein Wasserfall? Was bringt mich zum Lachen? Wie fühle ich mich beim Lachen? Wie wirkt mein Lachen auf andere? Wie alt ist mein inneres Kind und wie fühlt sich mein inneres Kind an? Habe ich oft Herzrasen? Oder fühlt sich mein Herz wie ein Stein an? Bin ich auf einem Gebiet süchtig? Ist mir das Haben um des Habens willen wichtig? Was fällt mir zur Hysterie ein?

Kleidungsvorschriften:
Die Festgäste werden gebeten, weite Gewänder aus Samt oder Seide in Rottönen zu tragen. Die Kleidung soll möglichst reizvoll und verführerisch sein.

SKANDALE:
Außenminister Dreifach-Erwärmer reiste wieder durch das Land, um sich zu überzeugen, daß sich alle wie vorgeschrieben auf das Fest vorbereiteten. In vielen Gebieten klagten die Leute über das Wetter, das immer verrückter wurde. Die allgemeinen Temperaturen stiegen, aber der Frühling begann immer später. Die Sommersonne löste bei vielen Menschen heftige Kopfschmerzen aus. Ärzte berichteten, daß das Auftreten von seltsamen Hauterkrankungen, die langfristig tödlich verliefen, in beängstigendem Maße zunahmen. Der Außenminister wußte, daß diese unangenehmen Erscheinungen auf den immer höher werdenden Energieverbrauch der Bevölkerung zurückzuführen war. Alles hat eben seinen Preis.

DAS FEST:
Viel zu spät machen sich die meisten auf den Weg zum Fest - jeder hat ja vorher noch so furchtbar viele, furchtbar wichtige Dinge zu erledigen. So hetzen sie in allerletzter Minute zum Bahnhof, zur Poststation oder zum Hafen, um die letzten Transportmittel zu erreichen, mit denen sie gerade noch rechtzeitig am Festort anlangen können. So mancher schafft auch das nicht mehr und sucht in aller Eile nach einer Ausweichmöglichkeit. Egal wie teuer, nur schnell muß ihn das Gefährt in den Süden zum Fest bringen.

Der Festort liegt inmitten einer herrlich heißen, verschwenderisch üppig grünenden und blühenden Landschaft. Auf einer riesigen Wiese gleißen die roten Dächer unzähliger kleiner Zelte, die um ein riesiges Hauptzelt aufgebaut sind. Das glänzende Lustschloß im Hintergrund fügt sich malerisch in das prächtige Bild. Die verspielten Formen der kleinen Zelte locken die ankommenden Gäste unwiderstehlich an. Es sind Zelte der Freude, des Tanzes, der Verführung und der Lust. Kaum stürmen die ersten Gäste auf die Zelte los, erhebt sich eine musikalische Wolke, die alle einhüllt und zu Bewegung und Tanz animiert. Es fällt ihnen schwer zu entscheiden, wohin sie sich zuerst wenden soll. Bauchtänzerinnen schwingen verheißungsvoll ihre Mitte, Liebesdienerinnen locken verführerisch, Bademädchen winken lockend und vielversprechend und die sanften beschwörenden Hände eines halbnackten Jünglings, der Tänze zu Ehren Dionysos zum Besten gibt, faszinieren.

Da öffnet sich das Hauptzelt und gibt das Geheimnis seiner Innenausstattung preis. Weiche Stoffe bedecken den Boden und unter üppigen Wandbildern schmiegen sich seidene und damastene Kissen aneinander. Aus diesem höchst einladenden Zelt tritt, in majestätischen Glanz gehüllt, der Zeremonienmeister des Feuerfestes - niemand anderer, als der Herzkaiser persönlich. Wunderschön ist er anzuschauen, unbeschreiblich seine Ausstrahlung - nicht Mann, nicht Frau, einem überirdischen Feenwesen gleich. Ach göttliche Androgynität, die alles in sich vereint! Die Augen des Herzkaisers strahlen und leuchten wie alles erwärmende Flammen, seine Worte sprühen vor Begeisterung und Überschwang. Oh, man kann nicht anders, man muß ihn lieben.

Dünndarm, Dreifach Erwärmer und Perikard, die drei Hauptassistenten des Herzkaisers empfangen die Gäste auf das Vortrefflichste. Sie reiben sie sanft mit warmen, feuchten Tüchern ab, massieren, salben, beweihräuchern und schmücken sie, und erfüllen jeden Wunsch, noch ehe er gedacht ist. Waren am Anfang manche auch noch gehemmt und unsicher, bald ist nichts mehr davon zu bemerken. Es herrscht eine ausgelassene, lustvolle Stimmung, wie sie kaum jemand zuvor erlebt hatte. Endlich kommen die letzten Nachzügler angehetzt, begierig zu feiern, was es nur zu feiern gibt und voll Angst, das Beste schon versäumt zu haben.

Plötzlich wird das fröhliche Treiben von lauter Musik und rhythmischen Gesängen aus einer Ecke des Festplatzes übertönt. Neugierig drängen alle zu dieser Stelle. Der Eingang eines kleines Zeltes, das bisher kaum beachtet wurde, öffnet sich und gibt den Blick auf eine riesige, lodernde Feuerwand frei, vor der sich ein verrücktes Szenario abspielt. Eine enorme Hitzewelle und irrsinnig helles Licht empfängt die Neugierigen, bricht sich in tausend Spiegeln und verdoppelt sich auf diese Weise mannigfach. Mit unwiderstehlicher Kraft werden sie davon angezogen. Die immer intensiver werdenden Gerüche rauben ihnen fast die Sinne. Der heiße Rhythmus der Musik wird immer lauter und überdrehter. Hysterisches Lachen von nirgendwo. Grelle Blitze peitschen über den bereits dämmrigen Himmel. In den Spiegeln tauchen Bilder von Massenveranstaltungen auf. Mit vor freudvoller Gier verzerrten Gesichtern rennen die Menschen kreischend in eine Richtung, in der es scheinbar etwas zu holen oder zu sehen gibt. Die Anziehungskraft dieser Massenbewegung ist enorm. Wie ein rasendes Tier springt sie in Sekundenschnelle auf die Gäste über. Niemand kann sich dem tobenden Brausen entziehen, selbst als sie erkennen, daß sie von ihren eigenen Spiegelbildern genarrt werden und ihre Nasen immer wieder an glatten Spiegelflächen anrennen, können sie nicht mehr aufhören.

Jäh wechselt die Musik. Ein dionysischer Rhythmus (der später als Jazz Hip Hop und Afro bekannt wird) fährt in ihre Glieder - oder kommt er aus ihnen selbst? Spontan scharen sie sich in Gruppen um jeweils einen Tänzer, den sie mit ihrer ganzen Energie

speisen. Sie stampfen, klatschen, singen, werden immer heißer. Bald fallen die ersten Kleidungstücke zu Boden. Schweißnaße Körper zucken ekstatisch. Das Wirrwarr von Sinneseindrücken formt sich zu einem dichten, erregenden Bild. Dreifach Erwärmer flitzt in seinem roten Feuergewand wie Pan höchstpersönlich zwischen den Tänzern herum, umfaßt sie lachend, liebkost sie wie beiläufig, schafft neue Verbindungen und Konstellationen in den Gruppen, löst bestehende Formen auf, trennt Paare, verbindet andere, streichelt, schmeichelt, läßt ihr ohnehin schon kochendes Blut wie verrückt durch die Blutbahn jagen. Mehr, mehr, mehr davon! - immer wilder, immer ekstatischer bewegen sich die Körper hüpfend und tanzend aneinander, miteinander, alle Grenzen vergessend bis sie halb bewußtlos zu Boden sinken. Doch selbst die Ohnmacht ist lustvoll, satt, voll Genugtuung und Befriedigung. Langsam verklingt die Musik, die Feuerwand verblaßt und das Blitzgewitter verliert sich im Dunkel der Nacht.

Am ganzen Körper zitternd finden sich die Gäste im Hauptzelt wieder, in dem in der Zwischenzeit das Festmenü auf orange- und rotleuchtenden Tischen aufgetragen wurde. Ihrem Zustand entsprechend fallen jedoch alle erst einmal begierig über die kühlenden Getränke wie Weißwein, Guiness-Bier, Weizenbier, Campari-Orange und Champagner her und lassen sie genußvoll durch ihre ausgedörrten Kehlen rinnen. Erst jetzt sind sie in der Lage, die verführerischen und verheißungsvollen Speisen wahrzunehmen. Austerngerichte, kunstvoll angerichteter und dekorierter Reis, phantastische Tofuspeisen, zarte, gedämpfte Gemüse wie Tomaten, Spinat, Mangold, Zucchini, Sojabohnensprossen und vieles mehr, versprechen ungetrübte Gaumenfreude. Kalte Nachspeisen aus Joghurt und Grapefruit und anderen Früchten und Fruchteis treiben die restliche überschüssige Hitze aus den Blutbahnen und lassen die vor kurzem noch brodelnde Menge wieder zur Ruhe kommen. Pericard, Dreifach- Erwärmer und Dünndarm ermuntern sie zu einer geistigen Nachspeise in Form eines inneren, wohlwollenden Lächelns, das sie zu ihrem Herz schicken sollen, das sie in Gedanken in ein schönes, sattes Rot hüllen. Um die Wirkung zu verstärken, fordern sie die Gäste auf, ihre Körper wohlig zu entspannen und sich vorzustellen, daß ein sanftes Strahlen von ihrem Herz ausgeht, so als ob es vor lauter Licht übergehen würde. Ein langgezogenes Hoooooooo begleitet das Strahlen, tanzt über die ganze Festwiese und verbreitet angenehme Fröhlichkeit, die nichts mehr mit der hysterischen Freude von vorher gemeinsam hat.

Gesättigt und gekühlt folgen sie freudig der Einladung des Herzkaisers, sich jeweils mit zwei oder drei Personen zusammenzutun und in die Rolle eines Liebesdieners, einer Liebesdienerin, eines Kaisers oder einer Kaiserin zu schlüpfen, oder sich dazu krönen zu lassen. Dafür dürfen sämtliche Requisiten der Festausstattung verwendet werden. Im Handumdrehen zaubert sich jede Gruppe eine eigene kleine Welt. Dann sitzen sie in tiefer Konzentration versunken einander gegenüber und verbinden sich durch Energiestrahlen aus ihren Herzzentren untereinander. So entsteht in jeder Gruppe ein eigenes Energiemuster, das mit dem der nächsten Gruppe verschmilzt, sich weiter vernetzt, verbindet, bis es zu einem einzigen, großflächigen Muster anwächst, das den ganzen Platz pulsieren läßt. Langsam aber stetig verdichtet sich die Energie, bis man sie förmlich schmecken kann. Dabei entsteht eine so ungeheure Hitze, als hätte jeder eine strahlende Sonne in der Brust. Mit der allmählich nachlassenden Konzentration der Teilnehmer ebbt auch die Dichte des Musters und die Stärke des Pulsierens ab, bis es ganz verklingt. Nun dürfen sich Herrscher und Herrscherinnen von ihren Liebesdienern und Liebesdienerinnen alles lehren und zeigen lassen, was ihrer Lust und

Freude förderlich ist. Unter viel Gekicher und Gelächter beginnt das Fragen und Zeigen, das Umarmen und Zärtlichsein. Es wundert wohl niemanden, daß dabei so manche geheimen Wünsche und Neigungen der "Königinnen" und "Könige" an's Tageslicht kommen - und auch alle erfüllt werden - aber lassen wir sie Geheimnisse der Teilnehmer bleiben.

Dieses lustvolle Beisammensein wird jäh von einer Horde Affen gestört. Aufreizend springen sie um die Gäste, zupfen und necken sie, balgen herum und springen von einem zum anderen. Hei, ist das ein wildes Durcheinander! Schon kann man Affen und Menschen nicht mehr auseinanderhalten, denn sie toben alle mit der gleichen aufgekratzten Ausgelassenheit umher. Erst das Erscheinen des Herzkaisers und seine Einladung zu einem Drehtanz beendet das tolle Treiben. Nachdem sich die Gäste wieder ein wenig beruhigt haben, beginnen sie sich langsam, mit aufgerichteter Wirbelsäule um die eigene Achse, die Achse zwischen Himmel und Erde zu drehen. Die sanfte Musik im Hintergrund wird unmerklich lauter und schneller und gibt das Tempo an. Immer schneller wirbeln sie herum, drehen sich immer weiter und weiter und plötzlich ist ihnen, als würden sie durch den höchsten Punkt ihres Kopfes weit hinausgeschleudert. Von ihren Körpern, die wie schlafend auf dem Boden liegen, befreit, begeben sie sich auf eine Reise, die weit über den sichtbaren Himmel hinausgeht. Erst nach langer Zeit ruft sie der Herzkaiser in ihre Leiber zurück. Langsam, eine bestimmte Geschwindigkeit beibehaltend drehen sie sich weiter. Dieses gleichmäßige Drehen gibt jedem das Gefühl, das ruhende Zentrum zwischen Himmel und Erde zu sein, um das alles langsam kreist und dem alle Lebewesen zulächeln und zuwinken.

Ewig könnten sie sich so weiterdrehen, doch der Herzkaiser weiß genau, wann es genug ist und gibt den Musikern ein Zeichen. Nachdem auch der Letzte zum Stillstand gekommen ist, bleiben sie mit geschlossenen Augen stehen, bis der Herzkaiser dreimal kräftig in die Hände klatscht. Behutsam öffnen sie die Augen und stellen erstaunt fest, daß die Sonne bereits aufgegangen ist. Neben jedem von ihnen liegt eine Maske, deren Herkunft sie nicht genau bestimmen können. Manch einer glaubt zwar, sich erinnern zu können, daß er auf seiner Reise ein Geschenk erhalten hatte, aber sicher ist sich keiner.

Zum Abschluß bilden alle einen großen Kreis, in den sie ihre Masken mitnehmen, um sie mit Energie aufzuladen. Sie wiegen sich im Kreis, singen, summen und lachen leise vor sich hin und sind von einer freudvollen, stillen, feierlichen Stimmung durchdrungen. Niemandem ist klar, warum er eigentlich lacht - vielleicht über die Wendung, die das Fest genommen hat, vielleicht über die Masken, vielleicht über ein Erlebnis auf der Reise? Im Grunde genommen ist es gleichgültig, denn niemand fragt danach.

Die ersten warmen Strahlen der Sonne erhellen bereits den Festplatz, der Herzkaiser erklärt das Fest offiziell für beendet und läßt jedem Gast ein Abschiedsgeschenk überreichen. Es ist eine kleine Schachtel mit drei speziellen Kräutern gegen krankmachende Zustände der Hysterie und Begierde, mit taoistischen und buddhistischen Sprüchen zu diesem Thema, einigen Ernährungstips, die verhindern sollen, daß sie ihre Körper, vor allem im Sommer, allzusehr erhitzen, und einer kleinen Musikschachtel, mit der Musik dieser Nacht.

Manche bleiben noch eine Weile auf dem Festplatz und erzählen einander ihre Erlebnisse. Manche setzen sich, mit sich und der Welt zufrieden, auf einen stillen Platz und lassen das Fest noch einmal im Geiste ablaufen. Andere machen sich gleich auf den Heimweg - aber ganz anders, als sie angekommen waren. Jetzt hat niemand mehr Eile. Viele haben sogar noch Zeit, Freunde oder Bekannte zu besuchen, um ihnen von den Erlebnissen der vergangenen Nacht zu erzählen. Aber was sie auch immer nach Ende des Festes machen - alle haben erkannt, daß die meisten, ach so wichtigen Dinge gar nicht so wichtig sind, wie sie bisher geglaubt haben.

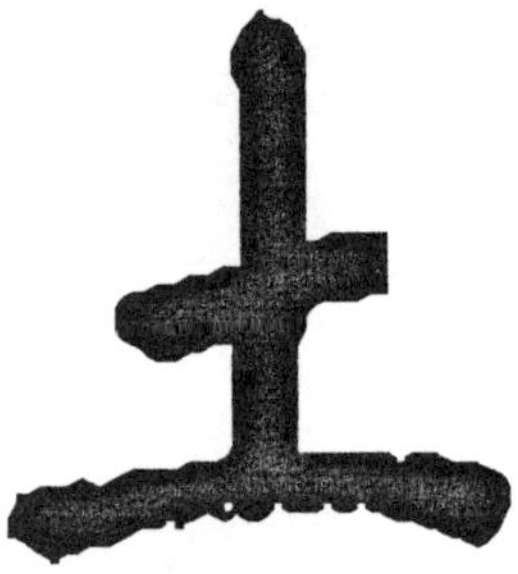

"Bewußtes Atmen schließt unsere Gefühle und Empfindungen mit ein, unsere gesamte innere Struktur wie auch unsere äußere Form und Gestalt. Während der heilenden Selbstbehandlung durch bewußtes Atmen durchdringen uns feine Gefühlsstimmungen oder Energien und besänftigen unser ganzes Dasein. Sie integrieren das Mentale mit dem Körper und verbinden die Gefühle mit der Form. Wenn sich die Entspannung vertieft, können wir die Zusammenhänge zwischen Atem, Sinnen, Geist und Körper direkt fühlen."

Tarthang Tulku

"Essen wird zu einer Opfergabe an unsere Sinne. Wenn wir lernen, alle Gefühlsstimmungen des Schmeckens zu genießen und sie über den ganzen Körper und selbst jenseits der Grenzen zu verteilen, dann wird Essen zu einer echten Begegnung der Sinne mit ihrem Objekt und zu einem Freudenfest des Genießens."

Tarthang Tulku

"Die weltlichen Dinge zu verrichten, hält uns den ganzen Tag im Trab. Auch wenn du dich im Weg geirrt hast, ist es deine Heimat."

(in: Meister)

ERDEFEST

MELDUNGEN:

Großer Auflauf irgendwo in der Wüste: Auf Grund von sektiererischen Berechnungen eines verlorengegangenen Kalenders fand sich eine Menschenmenge in einer der verlassensten und gefürchtetsten Wüsten der Erde ein. Hier sollte alles zusammenkommen, was bislang getrennt worden war durch die linear-kausale Zeitlinie des menschlich beschränkten Bewußtseins, das Geschichte nach dem Prinzip des Eins-nach-dem- anderen ja erst möglich macht. Und nichts weniger als das war vorgesehen: Eben die Aufhebung der Geschichte, jenes trägen Dahinschleppens zweifelhafter Ideen, grübelnden Reflektierens, und der halbherzigen Verwirklichung von sowohl vergangenheits-bezogenen wie auch zukunfts-orientierten Gedanken. Die Geschichte sollte hier enden, zusammengefaltet werden wie etwa ein nunmehr überflüssiger Regenschirm. Doch es kam anders. Überzeitliche Eingaben in die genialsten Gehirne der Spezies Mensch gaben Anweisungen, sich in der nächstgelegenen Höhle einzuquartieren und geduldig den weiteren Verlauf der Ereignisse abzuwarten.

Diese neo-neolithische Aktion stieß auf heftigen Widerstand dort ansässiger Einheimischer, die die Höhle als Gebärmutterhöhle für sich beanspruchten und durch steinzeitliche Felsritzungen beweisen konnten, daß sie schon viel früher auf die unterweltliche Erkenntnis des Ungeborenen-Daseins gekommen seien. Unter der Bedingung, daß die Ältesten des Stammes gleichzeitig auch als Führer der neo-neolithischen Bewegung anerkannt würden, konnte die Höhle, die ansonsten brach lag, auch weiterhin als Versammlungsort der neugegründeten Sekte genutzt werden.

Die Sekte definierte nach einer Phase anfänglicher Verwirrung bald ihre Ziele, die jedoch für Außenstehende unverständlich bzw. paradox erschienen. Anscheinend ging es um die meditative Praxis einer heiteren Ziellosigkeit, die sich im ausgeglichenen Warten und einer fröhlichen Bereitschaft zu Nichts erschöpfte. Sie nannte sich die Gemeinde der Ungeborenen, gemäß einer gnostischen Tradition, die seit Plato nicht mehr abgerissen ist: Die Vermutung, daß der Mensch eigentlich noch immer in der Gebärmutterhöhle sitzt und alles Leben nur ein Traum und Schein ist. Immerhin war die Gemeinde doch so realistisch, bestimmte Zugeständnisse an den common sense zu machen und dies als neue Philosophie zu tarnen. Der Liebe zur Weisheit hat man ja von jeher einiges nachgesehen, unter anderem auch jetzt wieder diesen abstrusen Gedanken der provisorischen Vorläufigkeit einer ansonsten doch recht soliden Existenz.

Die Sektengemeinde machte sich auch durch eine hervorragende ästhetische Gestaltung des unterirdischen Ambientes verdient: Staub zu Staub, Sand zu Sand, Honig zu Honig, goldenfarbenes Flutlicht, Samenkammer und Gen-Bank, Museum der festgehaltenen Bewegungen in dem Moment, in dem sie am echtesten waren, und es wird ein stetes Murmeln und Singen sein, das nicht abreißt, denn Gesänge werden unsere Traditionen weitergeben von Mund zu Mund, der die Gesänge singt, und Gedanken über das Leben an sich werden in der Luft liegen, hochaufschwingend in den Äther gemeinsamen Schicksals, wenn alles fortpflanzungsfähige Leben auf der Oberfläche der Erde erstorben sein wird, dann, in der sepiafarbenen Erinnerung, wird ein herrliches Buffet der verschiedensten Geschmäcker angerichtet werden wie auch schon jetzt, und die Süße der Erfahrung in aller Munde und aller Gaumen sich verbreiten, denn in der Süße ist alles an Nachgeschmack versammelt, da die Süße durch den beginnenden Prozeß der Verdauung und Umsetzung entsteht. - Bleibt uns nur zu hoffen, daß dieser großartige Zusammenhalt sich nicht erst im Nachhinein zu seiner verbindenden und alles vereinnahmenden unendlichen Größe entfalten möge. Denn sicher ist eins: Alles wird also irgendwann einmal süß werden, fragt sich nur wann.

Und fragt sich , ob wir dann noch Süßes mögen.

Einladungskarten

Vorbereitung:
Die Festgäste werden gebeten, zwölf Tage vor dem Fest nur mehr Speisen zu sich zu nehmen, deren Geschmäcker und energetische Wirkung in einem ausgewogenen Yin-Yang-Verhältnis stehen und täglich eine taoistische Meditation zu praktizieren.

Setze Dich mit folgenden Fragen auseinander:
Hauptfrage: WAS?
Bin ich oft müde? Fühle ich mich wohl in meiner Haut? Habe ich oft Verdauungsprobleme? Würde ich mich selber als nachdenklich und grüblerisch einschätzen? Muß alles seine Ordnung haben, bin ich ernsthaft irritiert, wenn es nicht so ist? Wie ist es mit dem Ruhigsitzen? Halte ich es alleine zu Hause aus? Habe ich ein gutes Gedächtnis und traue ich meiner Erinnerung? Ertappe ich mich dabei, dieselben Gedanken wiederzukäuen? Ist Rodin's "Der Denker" mein Ideal? Oder doch Buddha?

Kleidungsvorschriften:
Die Festgäste werden gebeten, Kleidung aus weicher Baumwolle in Gelb- oder Orangetönen zu tragen. Die Kleidung soll rund und angenehm zu tragen sein.

SKANDALE:
Als der Außenminister Dreifach-Erwärmer diesmal durch das Land reiste, hörte er überall Klagen über die zunehmende Verseuchung des Bodens. In manchen Gebieten waren die Schadstoffwerte so hoch, daß zum Wohle der Bevölkerung die Brunnen gesperrt und der Gemüseanbau verboten werden mußte. Jahrzehntelang betriebene Monokulturen hatten große Schäden verursacht und die Landschaften zum Nachteil verändert. Vor allem im Sommer wurde die ausgelaugte Erde vom Regen weggeschwemmt und es kam immer häufiger zu katastrophalen Erdrutschen, die oft ganze Täler verschütteten.

DAS FEST:
Der Festort lag inmitten des Reiches und war von allen Seiten gleich gut erreichbar. Diesmal machten sich die Festgäste schon früher als notwendig auf den Weg. Niemand wollte zu spät kommen. In kleinen Gruppen zogen sie los und plauderten unterwegs über Dieses und Jenes. Dabei fiel so manchem ein, daß er zu Hause etwas liegengelassen hatte oder war sich plötzlich nicht mehr sicher, ob beim Weggehen auch alles ordnungsgemäß zurückgeblieben war. So machten sie kehrt, um die vergessenen Dinge zu holen oder um sich zu vergewissern, daß daheim auch wirklich alles in Ordnung war. Manche gingen sogar mehrmals zurück und überprüften, ob die Türe auch wirklich versperrt, die Fensterläden verriegelt, das Licht abgedreht und die Tiere reichlich versorgt waren. Viele blieben grübelnd am Wegrand sitzen und zermarterten sich das Hirn darüber, ob sie nicht doch etwas vergessen oder nicht abgeschlossen hatten. Auf diese Art kamen die Gäste nur sehr langsam vorwärts und es schien, als würden sie

niemals pünktlich am Festort ankommen. Mit schweren Schritten bewegten sie sich auf ihr Ziel zu und trafen nur mit Mühe zur festgesetzten Nachmittagsstunde nach und nach am Festort ein.

Auf dem Festplatz begrüßte Milz, die Zeremonienmeisterin dieses Festes, die ankommenden Gäste in einem in warmem Goldgelb leuchtenden, über und über mit Ähren bedeckten Gewand. Der Platz lag auf einem Berg in einer riesigen, geschützten Mulde. Ringsherum konnte man klar die hohen, schneebedeckten Berge sehen, doch über dem Festplatz hingen Nebelschwaden, die von einem nahen See aufstiegen und den riesigen Kreis aus Steinen in der Mitte nur undeutlich erkennen ließen. Im Zentrum des Steinkreises stand ein Felsen, der einem Wesen glich. Es schien, als stünde dort die Mutter der Berge, die mit ihrem alten, verwitterten und doch so verschmitzten Gesicht allen zulächelte, und mit ihren steinernen Armen jedem Ankommenden zuwinkte. Schwere Duftwolken hüllten die Gäste ein und verwandelten sich langsam in kleine Wesen. Sie stupsten und narrten die Menschen und rempelten sie liebevoll an. Man hatte den Eindruck, als wollten sie mit ihnen spielen. Aus der Erde drang ein Singsang in einem langsamen Dreierrhythmus empor und versetzte den ganzen Platz in ein sanftes, gleichmäßiges Schwingen. Die nun vollzählig anwesenden Gäste bildeten mehrere kleine Kreise und ließen ihre Körper in Form einer Unendlichkeitsschleife wieder und immer wieder schwingen. Die Bewegung entstand aus ihrer Körpermitte und je länger sie dauerte, umso mehr verschwand die drückende, grüblerische Stimmung, mit der sie angekommen waren. Das Schwingen wurde freier und leichter, und nach und nach lösten sich die Füße vom Boden und erweiterten den Bewegungsrahmen der Tänzer. Ihre Unterarme hoben sich und trugen anmutig die offen präsentierten Handflächen. Mit leicht schwingendem Gang bewegten sich die Tänzer aufeinander zu, berührten die ihnen dargebotene Hand, ergriffen sie leicht, ließen sie wieder los, um die nächste zu fühlen, zu erfassen, zu begreifen, sich wieder von ihr zu lösen und tastend weiterzuwandern. Unzählige Hände begegneten sich, berührten einander, tanzten weiter von einer zur anderen.

Wie aus dem Nichts trat eine Gruppe maskierter, einheitlich gekleideter Wesen unter die Festgäste. Mit mechanischen Bewegungen machten sie vier Schritte nach vor, dann vier Schritte nach rechts, vier Schritte zurück und kehrten mit vier Schritten nach links zum Ausgangspunkt zurück. Dabei bewegten sie ihre Arme, als wollten sie eine Figur bauen und zählten mit monotoner Stimme ihre Schritte mit: eins - zwei - drei - vier - vier - drei - zwei - eins - eins - zwei - drei - vier - vier - drei - zwei - eins. Immer und immer wieder schritten sie das Quadrat ab und leierten unaufhörlich weiter: eins - zwei - drei - vier - vier - drei - zwei - eins - eins - zwei - drei - vier - vier - drei - zwei - eins. Bald klang es wie eine Litanei, die vom Zählen erzählte: eins - zwei - drei - vier, es zählt, was du zählen kannst; vier - drei - zwei - eins, woran du dich erinnern kannst; eins - zwei - drei - vier, es zählt was du getan hast; vier - drei - zwei - eins, es zählt, ob es auch richtig war; eins - zwei - drei - vier, ja eben, das war das Problem - vielleicht war es doch nicht richtig? - vier - drei - zwei - eins...
Aus den Nebelschwaden bildete sich eine Figur, die dem erst viel später entstandenen "Denker" von Rodin ähnelte. Sie saß gekrümmt in der Luft und stützte ihre gerunzelte Stirn auf die geballte Faust. Fasziniert starrten die Gäste auf dieses Gebilde und nahmen dabei unbewußt die gleiche Haltung ein. Sie runzelnten ihre Stirn bis es schmerzte - eins - zwei - drei - vier - die Gedanken drehten sich im Kreis - vier - drei - zwei - eins - im Kreis, im Kreis, alles drehte sich ein, verknotete sich bis tief hinein in die Körper-

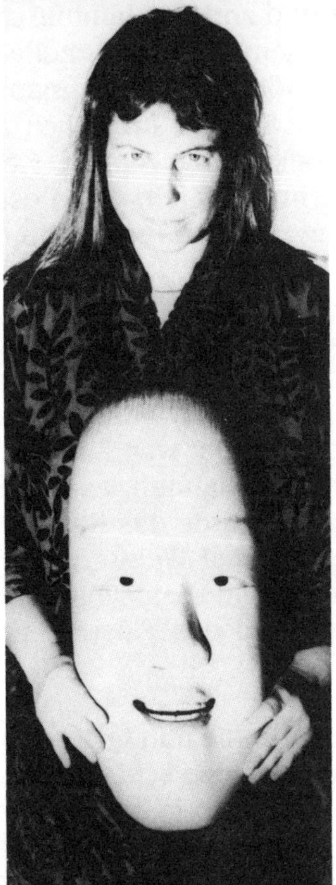

mitte, ließ dem Atem kaum noch Platz - eins - zwei - drei - vier. Die Zahlen, das Zählen, die Schritte und endlosen Wiederholungen, die immer gleichen Gedanken würgten die Körpermitte ab - vier - drei - zwei - eins...

Als der Zustand schier unerträglich wurde, begannen sich Bilder und Wesen aufzulösen und mit ihnen die Knoten und Schlingen in den Köpfen und Eingeweiden der Gäste. Wie nach einem bösen Alptraum öffneten sie langsam und vorsichtig ihre Augen und sahen sich zögernd um, um sich zu vergewissern, daß der Spuk tatsächlich vorbei war. Zu ihrem Erstaunen befanden sie sich in einer unendlich hohen, kuppelartigen Höhle, die so groß und so hoch war, daß sie den Eindruck hatten, im Freien zu sein. Bevor sie jedoch noch darüber grübeln konnten, wo sie waren und wie sich der Platz verwandelt hatte, wurde ihre ganze Aufmerksamkeit von den eifrig hin und herlaufenden Helfern gefesselt, die das Festmenü auftrugen. Es war wirklich einerlei, wie sie an diesen Ort gelangt waren. Die köstlichen, duftenden Speisen, die auf rustikalen Schüsseln und Platten serviert wurden, waren im Augenblick das Einzige was zählte.

Schon beim Anblick der Herrlichkeiten lief das Wasser in den Mündern zusammen. Wahre Kompositionen aus Rindfleisch, Kartoffeln, Wurzelgemüse, Äpfeln und Rotwein, Teigtaschen gefüllt mit Rindfleisch und Ingwer, Kalbfleisch, Gemüseaufläufe, gedämpfte und gedünstete, zum Teil mit Käse überbackene Gerichte aus Kürbis und Fenchel, goldgelber Hirse und Mais, mit herrlich duftendem Basilikum, mit Gelbwurz und Curry, Thymian und Rosmarin, Ingwer und anderen himmlischen Prisen gewürzt, sowie Fischgerichte und Salate aus Wurzelgemüse und Fenchel, mit Walnüssen angereichert, erfreuten Augen und Gaumen. Rotwein und Schnaps sowie Tees aus Süßholz und rotem Ginseng lösten die letzten Knoten im Bauch auf und Honigwein floß wie Öl durch die Kehlen. Süße Nachspeisen mit Pfirsich, Marillen, Kirschen, roten Trauben und anderen süßen Früchten schmeichelten den Geschmacksnerven der Gäste. Hinterher gab es noch starken, schwarzen Kaffee mit Kardamon.

Die Gäste fühlten sich unbeschreiblich wohl und geborgen, ganz wie in Abrahams Schoß. Ja, sie hatten tatsächlich das Gefühl, von hinten von einem großen, freundlichen Bären gehalten und beschützt zu werden. Angenehm satt und zufrieden legten sie ihre Hände über die Mitte und hörten mit leicht geneigtem Kopf dem Flüstern zu, das neben ihrem linken Ohr vernehmbar war. Ein leises, monotones Rasseln mischte sich mit diesem zarten Flüstern und Raunen, es hörte sich an, als würden Kinder in den Schlaf gewiegt werden. Sachte wurde das Rasseln etwas lauter, nahm wieder ab, umspülte die Ohren wie Wellen. Kleine Wehwehchen und chronische Beschwerden wurden fast unmerklich fortgespült und weggeflüstert. Bilder zogen vorbei wie Träume und blieben noch hängen, nachdem das Flüstern und Rasseln und Raunen schon längst verklungen war.

Die Zeremonienmeisterin ermunterte die nun leicht schläfrige Gesellschaft, ein inneres Lächeln zu ihrer Milz und ihrem Magen zu schicken, sie in goldgelbe Farben zu hüllen und mit einem langgezogenen Huuuuuu in Schwingung zu bringen. Der Ton verbreitete sich in der ganzen Höhle, verdichtete sich und formte sich zu einem Wesen. Dieses Wesen bewegte sich mit schwerelosen Schritten zielsicher auf einen imaginären Punkt zu, wobei seine ganze Aufmerksamkeit knapp unterhalb seines Nabels lag. Sein Atem füllte den Raum zwischen den Gästen und verband sie zu einem einzigen Wesen. An einer bestimmten Stelle hielt es im Schritt inne und schien mit dem Platz zu verschmelzen. In diesem Augenblick durchflutete die anwesenden Gäste das Gefühl, endlich zu Hause angekommen zu sein, und ließ in und um jeden das Bild einer Heimat entstehen, nach der er sich schon immer gesehnt hatte. Nichts Trennendes war zwischen den Menschen. Leise Musik wob unsichtbare Bänder zwischen ihnen. Aus dieser Geborgenheit heraus wagten sie, innige Bitten auszusprechen. Sie baten um Hilfe, um Kraft und um Heilwerdung. Ihr flehendes Bitten war nicht umsonst. Sie bekamen Kontakt zu bestimmten Tieren, Pflanzen und Orten, ein Erlebnis, das sie den Rest ihres Lebens nicht mehr vergaßen. Dies, sowie Geschichten, Märchen und Gesänge, die sie wie Dürstende mit all ihren Sinnen aufnahmen und tief in sich einsogen, wiesen ihnen den heilbringenden Weg.

Im Zwielicht des herannahenden Tages ließ ein gewaltiger Donnerschlag alles zersplittern. Es war als würde der Körper eines riesigen fliegenden Wesens in der Luft explodieren. Bilder, Geräusche, Düfte und Empfindungen erloschen mit einem Schlag, Zeit und Raum standen still und nichts als unendliche Ruhe und Klarheit beherrschten die Szene einen ewigen Augenblick lang. Niemand vermochte zu sagen wieviel Zeit verstrichen war, bis sie ein unwiderstehliches Ziehen wieder aus der Stille holte. Sie hatten das Gefühl, durch einen langen Gang gezogen zu werden, obwohl sie sich anfangs dagegen sträubten, den Ort der himmlischen Ruhe zu verlassen.

Ein gelber Lichtstrahl kitzelte ihre Augenlider und blinzelnd erkannten sie den Festplatz wieder, den sie scheinbar vor langer, langer Zeit verlassen hatten. Genüßlich streckten sie ihre Glieder und ließen das eben Erlebte schweigend noch einmal in ihrem Geist ablaufen. Kurze Zeit später sah man über den ganzen Festplatz verstreut wärmende Lagerfeuer flackern. In kleinen Gruppen scharten sich die Gäste um die Feuerstellen, summten und sangen vor sich hin oder erzählen von ihren Erlebnissen. Ihre Oberkörper kreisten dabei sanft und rhythmisch und so schwerelos, daß diese Bewegung endlos weitergeführt werden hätte können. Wie von selbst bewegten sich ihre Hände und bildeten aus diesem harmonischen Summen und Kreisen heraus Masken aus Pflanzen, Blättern, Wurzeln und Erde. Lächelnd gingen sie umher, zeigten einander ihre Werke, berührten einander und genossen das tiefe Gefühl der Verbundenheit. Zum Schluß bildeten sie gemeinsam einen großen Kreis, wobei sie den Eindruck hatten, zum ersten Mal in ihrem Leben leicht und befreit, aus ihrem tiefsten Inneren heraus, atmen zu können.

Die Sonne hatte sich schon in voller Pracht über den Horizont geschoben, als Milz das Fest offiziell für beendet erklärte. Als Abschiedsgeschenk erhielt jeder von ihnen wieder eine kleine Schachtel mit drei speziellen Kräutern gegen Zustände, wie sie sie am Anfang des Festes erlebt hatten, mit taoistischen und buddhistischen Sprüchen, die sie an diese Nacht erinnern sollten und einer Musikschachtel, in der die wunderbare Musik dieses Festes gesammelt war.

"Wer Gutes tun will, muß aus Wahrhaftigkeit
handeln. Er darf nicht nach leerem Ruhm
und Titel streben. Ein leerer Name, ein
hohler Titel - was kann das nützen?
Im Gegenteil, die Armen empfänden
die Hilfe als Beleidigung."
(in: Meister)

"Ein Sprichwort sagt:
Keine Feier ist ohne Abschied.
Und auch:
Das Tao haftet nicht an den
Gefühlen. Haften an Gefühlen
ist nicht das Tao."
(in: Meister)

"Auch die Unsterblichen
müssen warten, bis die Zeit
gekommen ist. Solange die
Gunst der Zeit nicht da ist,
entfaltet sich der Weg des
Tao nicht."
(in: Meister)

"Wir reisen schon lange zusammen,
doch heißt das nicht: Drei bilden
eine Gruppe. Fünf schon eine Vereinigung.
So erregen wir nur
Mißtrauen bei den Leuten. Zuviele
sind unpassend. Am besten wäre
es, jeder ginge in eine Richtung
und machte sich selbstständig."
(in: Meister)

METALLFEST

MELDUNGEN:

Historisches Angebot:
Täglich Hinrichtung durch Scharfrichter, in den jeweils und nach Belieben wählbaren, traditionellen Kostümen. - Trommelwirbel: Der königliche Ansager verkündet, nein, ist tot, es verkündet ein anderer an seiner Stelle, und so fort, bis niemand verkündet und nur gestorben wird, unter dem Trommelwirbel, Kugelhagel, Maschinendonner, der lautlos wird wie ein Nichts - und es breitet sich eine Stille aus, die sich durch mehrere Leben hindurch zieht, als Erinnerung auftaucht im Jetzt - betäubende Stille.

Nein, es war keine Hinrichtung, sondern eine Ausrichtung. "Kopflos durch tägliche Köpfung", das war das Angebot, das Klarheit und Neuanfang versprach. Denn seit dem letzten großen Massaker hat das Vorbeidefilieren der Masken nicht mehr aufgehört, der Uniformen, der Autoritäten und ihrer Abzeichen - wir brauchen doch Hierarchie, um erkennen zu können! Also ein danse macabre? Ein vorgezogener Totentanz? Im Rausch der Apokalypse und angesichts einer leergeräumten Tafel - tabula rasa - ein Tanz, der frei macht von allen Formen, indem er die Formen verherrlicht, indem er die Formen absolut setzt bis nichts mehr übrig bleibt als die unbewohnten Masken und die leeren Hüllen einer fabelhaft durchorgansierten festlichen Atmosphäre im aristokratischen Stil: Die elegante Lösung. Man fühlt sich unabhängig, losgelöst, frei und schwebend, so leicht wie Luft, die durch die Lungen streift und sich verirrt, frei, so frei ein Schatten zu werden und sich von diesem zu lösen, weiter noch sich zu befreien, nein, sich zu stilisieren bis hin zu jener Freiheit, die wirklich über die Wolken trägt - man braucht es einfach wie die Luft zum Atmen: Die Weite, wo alles möglich wird.

Zuerst sollte es ein Spaß unter vielen Späßen auf dem Jahrmarkt der Möglichkeiten sein, aber es war ein endgültiger und unwiderruflicher Rückzug. Rückzug aus allem, aus der Natur, aus der Welt der Erscheinungen, der Farben, bis schließlich nur noch verschwindende Töne von Pastell blieben und dann ein Weiß, das alles neutralisierte, was mit ihm in Kontakt kam: Raschelndes Papier und Konturen von Scherenschnitten, messerscharf, und auch diese weghuschend in grausamer Zärtlichkeit eines Schönheitssinns, der sich nicht aufrechnen läßt. Unbestechlich ist ein Maß, das niemand kennt: Im Lande der Schatten riecht es metallisch, und wenn die Masken an ihrer statt sich aushauchen, so daß es wie ein einziger Seufzer durch Mark und Bein geht, wenn dies beginnt, dann weist nichts darauf hin, wo die Klage endet, die einmal begonnen hat. Die Grenzen haben sich durch die dünner und trockener werdende Luft von selbst hindurchgezogen, unsichtbares Netz mit der Intelligenz einer Spinne. Oder einer Schlange, die der schlängelnde Weg ihrer eigenen Spur bedeutet. Wer kann hier unterscheiden zwischem dem Hinweis und seiner Notwendigkeit ? In dieser Welt der Zeichen ist alles auf seine Weise ein Hinweis und eine Spur.

Ist es möglich, Schattentheater in einem weißen Raum? Wir sind nichts als Zeugen. Die Etikette wurde gewahrt.

Verrat! Die Prinzessin ist verlassen worden und warf nur in einer kurzen Regung den Fächer zu Boden, den sie alsbald aufhob und weiter trug vor ihrem Gesicht, das nun schon so lange währt - Die Etikette wurde gewahrt.

Und Schwirren der Schmetterlingsflügel trat auf, schneller noch, ein Libellenschlagen, stehend im Raum, und Zischen und Fauchen, woher? Und Schall und Rauch. In Schall und Rauch hat sich aufgelöst, was eben noch war mit einem Hui, haben hohe schrille Flötentöne sich schon verwandelt in auspfeifende Luft wie aus einem Blasebalg ....

Ah! Die elegante Lösung: Nie geboren worden zu sein - Nicht-Anhaften, aufgehen ganz im Augenblick, die Sorgen ausgrenzen von morgen und gestern, und gerade noch sein und vielleicht jetzt gleich.....Ah! Jetzt sein, jetzt, einen Augenblick lang wie ein Atemzug, das Leben verlängern in die Unsterblichkeit, Raum besetzen durch Schwerelosigkeit...

Auswechselbarkeit der Masken, Beliebigkeit der Rollen, heiteres Spiel der Geister, Durchbrechung aller Muster, Abschied von den Gewohnheiten des Besitzes, des Rechtens, des Widerspruchs, der Anklage, der Klage, die nun leicht und trocken wird wie Papier, unerheblich wird und raschelt, flüstert, schließlich sich in leichte Hintergrundmusik verwandelt, zum Fenster hinausgeht wie aus einem Ohr hinein ins andere ....

Unsterblichkeit, ich verstand : Unbestechlichkeit. Nein! Es gibt noch andere Gesetze.

Ein Beispiel: Das Jetzt verlängern bis hin zur Unendlichkeit, die allen Raum in sich aufnimmt. Und eine Entscheidung aus diesem Gefühl heraus, ebenso wie die letzte Bilanz des letzten Festes: Weniger ist mehr.

Ort? Es gibt keinen Ort.

Einladungskarten

Vorbereitung:
Die Festgäste werden gebeten, zwölf Tage vor dem Fest eine Reiskur durchzuführen und Naikan-Meditation zu praktizieren.

Setze Dich mit folgenden Fragen auseinander:
Hauptfrage: WO?
Bin ich oft verkühlt und verschnupft? Wie ist das mit meinem Immunsystem? Wie nehme ich Abschied, wie lasse ich los? Wie ist das mit meinem Nähe-und Distanzverhältnis, wie wirke ich auf andere: Abgegrenzt, oder komme ich zu nahe? Wie ist meine Haut beschaffen? Wie erlebe ich meinen Atem? Bin ich nach körperlicher Anstrengung schnell erschöpft? Treffe ich klare Entscheidungen? Was bedeuten mir Gesetze und Regeln? Kann ich wirklich Trauer zulassen?

Kleidungsvorschriften:
Die Festgäste werden gebeten, in luftiger, heller Kleidung aus glänzenden oder einfachen Stoffen, vorzugsweise in weiß oder (fast) durchsichtig zu erscheinen.

SKANDALE:
Als der Außenminister Dreifach-Erwärmer wieder durch das Land reiste, um sich zu überzeugen, daß alle Vorbereitungen für das Fest getroffen wurden, erfuhr er, daß die Rohstoffe und somit die Lebenssäfte der Erde langsam, aber unaufhaltsam zu Ende gingen. Außerdem klagte die Bevölkerung über die zunehmende Luftverschmutzung. Vor allem Kinder und alte Leute litten besonders rasch unter entzündeten Atemwegen und Husten. Sorgenvoll blickten die Menschen in die Zukunft, denn rosig waren die Aussichten nicht.

DAS FEST:
Irgendwo im Reich, zwischen den Zeiten, findet das Metallfest statt. Die klare, weiße Luft zischt schneidend wie ein Samuraischwert in die Lungen der anreisenden Gäste... Atemnot schon nach wenigen Schritten... Wo sind sie? Viel zu rasch scheinen sie eine große Höhe erreicht zu haben. Nach Luft ringend hocken sie am Wegrand und blicken hinab auf ihre Spur - die Spur ihres Lebens. Wie weicher Kaugummi, der an den Fersen klebt, zieht sie sich dahin, wie die Schleimspur einer Schnecke. Sie wollen diese Spur abwischen, rein, klar und spurlos am Fest erscheinen - doch sie klebt wie Superkleber, wird immer dicker, verkrustet, bleibt wo sie ist. Keuchend starren sie auf die eklige Masse, unter der sie mehr und mehr erstarren. Sie quälen sich weiter, wissen nicht wohin, nur weiter, solange sie sich noch bewegen können.

Da - der Festort, sie sind am Ziel oder ist es das Ende? Lunge, der Zeremonienmeister in strahlend weißem Gewand - er sagt, sie sollen weitergehen, sich bewegen.....bewegen?......wie in einem Trauerzug schleppen sie sich weiter, klagen und stöhnen, ungewiß worüber. Umfallen, liegenbleiben....doch es geht nicht, die schneidend scharfe Stimme des Zeremonienmeisters saust von überall wie Schläge auf sie ein...weiter, weiter, aufrecht gehen! Ein jämmerlicher Zug von zu Tode Erschöpften, die nicht mehr weiterkönnen, nicht mehr weiterwollen...

Grelles, weißes Licht blitzt auf und in dieser gleißenden Helligkeit spiegeln sich tausende Leben wieder. Jeder einzelne starrt auf die Schatten seiner Vergangenheit, auf vergangen Geglaubtes, das jedoch dämonengleich, mit höchst unangenehmer Lebendigkeit, um ihn herumspukt. Die Schatten und Dämonen biegen sich vor Lachen. Schaurig klingt es in den Ohren ihrer Herren: "Machst du dir Sorgen um die Zukunft?", brüllendes Gelächter, "Wie ist das mit der Zukunft, he? Hast du genug davon?". Sie klopfen sich vergnügt auf die Schenkel. "Wie lange wirst du denn leben?" fragen sie weiter und rücken immer näher an ihren Menschen heran. Doch die Menschen wollen nichts hören von diesen Fragen, die sie kennen, die sie quälen, die sie aber nicht wahrhaben wollen. Doch es nützt alles nichts, sie müssen sich Geschichten anhören - ihre eigenen Geschichten von ungenützten Chancen, verlorenen Dingen, scheinbar beendeten Liebesbeziehungen - Geschichten, die wie Blitze vor ihnen aufflammen - Schlag auf Schlag, Bild auf Bild ...

Das Stöhnen und Klagen wird immer lauter und lauter, läßt alles erbeben. Die Münder der Menschen, ihre Augen, ja, jede Pore ihrer Körper ächzt, schreit und jammert in einer Intensität, wie es noch niemals ein Menschenohr vernommen hat. Bleischwere Hoffnungslosigkeit drückt ihre Schultern nieder, nimmt ihnen den Atem ...

Eine unwirkliche Ruhe legt sich über die Gäste. Noch niemals zuvor haben sie so empfunden. Der Platz liegt in majestätischer Gelassenheit da. Schattenbilder und Dämonen lösen sich in Nichts auf. Nichts ist mehr da - nichts, außer der alles durchdringenden Ruhe...

Funkelnde Schwerter in ihren Händen durchschneiden die Luft, zerschneiden mit metallenem Zischen die unsichtbaren Schnüre, die sie mit ihren Geschichten, den Bildern ihrer Vergangenheit, ihren Sorgen und Nöten verbinden, begleitet von seltsamen Lauten, die mit dem Ausatmen aus ihrer Brust dringen. Die Schritte verbinden sich mit der Bewegung der Arme zu einem fließenden, sicheren Rhythmus von klarer Schärfe. Der Zeremonienmeister überwacht und leitet das Treiben... Anstrengend ist es, das Schwert immer wieder von Neuem zu heben und herabsausen zu lassen, aber das Durchtrennen der Bänder ihrer Vergangenheit läßt sie wieder befreit atmen, gibt ihnen Kraft.

Kraft geben gewiß auch die herrlichen Speisen auf den gleißenden Tischen. Die makellos weißen Schüsseln, Platten und Teller blenden das Auge, die Speisen betören die Sinne, reizen Nase und Gaumen. Wildbret und Tatar aus Pferdefleisch, gerösteter Reis und Hafergerichte, Blumenkohl mit Walnüssen, Mandeln und Korinthen, ein Gericht aus Rettich und Spargel, in Butter geschmort, mit Sesam, Mandeln und Muskat verfeinert, Karotten- und Meerrettichsalate und vieles mehr ... der scharfe, frische Duft des

Ingwers regt an, erwärmt, ist Wirklichkeit... Erfrischende Schärfe dringt in die Eingeweide. Ingwer- und Ginsengtees, Sake mit Ginseng, zerstreuen, befreien. Wohltuende Wärme breitet sich aus. Datteln in Rotwein und italienischer Kaffee runden das Mahl ab. Sago mit Rotwein, Kirschsaft, Marillen, Rosinen und Walnüssen, setzen dem Ganzen die Krone auf. Der scharf-würzige Geruch von Nelkenzigaretten unterstreicht die Süße der Schärfe, den würzigen Genuß ...ahhh, wie gut das tut, welch ungewöhnlicher Genuß!

Lunge beobachtet zufrieden, ermahnt dann mit klarer Stimme die Gäste, den Festschmaus am Höhepunkt des Genusses zu beenden. Es ist Zeit, sich auf die Lunge, den Platz des Lebensrhythmus und des Atems zu konzentrieren. Nun bekommt auch dieses lebensspendende Organ ihren Anteil. Ein inneres Lächeln ihrer Besitzer läßt tausende Lungen sich wohlig ausbreiten und, eingehüllt in einem weißen Farbton, erfrischen sie sich an einem fließenden Ton, der wie ein langgezogenes Sssssss klingt ... er fließt über den Platz, durchdringt alles - auch das hirschähnliche Wesen, das zwischen den Gästen zu schweben scheint. Es zieht den Atem nicht nur durch seine Nüstern ein, nein, der Atem dringt durch jede Pore seines Körpers, trägt es, schützt es, läßt es schwerelos erscheinen. - Die Gäste tauchen ein in diese gleichmäßige Bewegung des Aufnehmens und Abgebens der Luft, schweben mit, losgelöst von Zeit und Raum. Leichte Impulse durchrieseln ihre Körper und setzten sie in Bewegung, während sie selbst das Geschehen wie aus einiger Entfernung beobachten. Energie strömt von überall her auf sie ein, bewegt sie, läßt sie fließen, macht sie durchlässig und leicht. Wie lange? Stunden? Minuten? Niemand vermag es zu sagen.

Kaum merklich verblaßt das Bild des Hirschwesens, bis es sich ganz in Luft auflöst. Die Gäste finden sich verwirrt blinzelnd auf der Erde wieder. Das dämmrige Licht des nahenden Morgens überflutet den Platz, der langsam die Gestalt einer endlosen Säulenhalle annimmt. Müde bemerken sie diese Veränderung, doch der Zeremonienmeister läßt sie noch nicht zur Ruhe kommen.

Langsamen Schrittes durchschreiten sie rückwärts die nicht enden wollende Halle, kehren dem Ziel den Rücken. Leise Musik scheint sie nach hinten zu ziehen ... sie sinken ... in den bodenlosen Raum der Vergangenheit ...immer weiter und weiter, werden kleiner und kleiner, bis sie den Blicken des Zeremonienmeisters ganz entschwinden. Plötzlich verharren sie ... es geht nicht mehr weiter zurück. Und doch geht die Reise weiter - durch alle bisherigen Leben ... unendlich lang bis ... da ist nur mehr eine endlos große weiße Fläche ...

Da erfaßt sie ein unerwarteter Energiestrom und zieht sie in gerader Linie nach vorne. Kaum fühlen sie den Boden unter ihren Füßen. Die geheimnisvolle Kraft scheint sie zu tragen, zu führen. Schwebend kommen sie wieder in der Gegenwart, auf dem Festplatz an. Eine riesige Fläche ist da mit Sand- und Lehmfiguren bedeckt. Wie auf Kommando beginnen sie die Figuren zu zerstören, streichen Sand und Lehm so lange glatt, bis auch die kleinste Unebenheit verschwunden ist. Der Raum ist frei - ein gelassener Blick in die Zukunft ...

In ruhiger Stimmung fassen sie sich an den Händen und sehen sich an. Wie seltsam erscheinen plötzlich die Gesichter der anderen. Selbst das Gesicht des Freundes ist anders. Es ist das erste Mal in ihrem Leben, daß sie einander mit klarem, unverschleierten Blick betrachten können. Keine Masken, keine Vorstellungen trüben das Bild - einfach nur wahrnehmen, wie es ist.

Die Sonne schiebt sich immer weiter über den Horizont. Lunge, der Zeremonienmeister, erklärt das Fest offiziell für beendet und überreicht ihnen das Abschiedsgeschenk: Drei Kräuter gegen Zustände, wie sie sie am Anfang des Festes erlebt hatten, buddhistische und taoistische Sprüche, die sie an diese Nacht erinnern sollten und eine kleine Musikschachtel mit der Festmusik. Manche bleiben noch sitzen und genießen das neue Gefühl des Betrachten-könnens, andere machen sich leichtfüßig auf den Heimweg.

"Als Wang Hsiao-lien das gehört hatte, stieg er langsam den Berg hinab. Er verfing sich in einer Schlingpflanze am Wegrand und fiel den Berg hinunter.

Sag nicht: hochkommen sei ganz schön schwer. Wisse: Hinabsteigen ist noch viel schwerer!"

(in: Meister)

"Das Leben wird zu einem immerwährenden freudigen Fließen im weiten Universum: Jede Zelle, jeder Sinn, jeder Aspekt unseres Bewußtseins, sei es in Vergangenheit oder Zukunft, wird zu einem Bestandteil dieses Flusses. So lernen wir, freudig und lang zu leben, denn unser Leben ist heil und ausgeglichen."

Tarthang Tulku

"Der Himmel ist leer, die Erde ist leer. Die Menschheit ist winzig und verschwommen darin. Die Sonne ist leer, der Mond ist leer. Im Osten steigen sie auf, im Westen gehen sie unter -für wen die Mühe?
Das Feld ist leer, das Land ist leer. Wie oft schon haben sie ihre Besitzer gewechselt?
Gold ist leer, Silber ist leer. was bleibt nach dem Tod noch in den Händen?
Die Liebe ist leer, die Liebe ist leer.
Man begegnet sich nicht mehr."

(in: Meister)

"Uns ohne Unterbrechung auf einen Zustand des inneren Gleichgewichts durch Einübung zuzubewegen - das allein schon fällt uns anfangs schwer, da unsere alten Gewohnheiten uns Befriedigung dort draußen suchen oder von den Mitmenschen erwarten läßt. Wir erwarten meist, daß die anderen uns die positiven Gefühle der Freude und des Erfülltseins geben. Je mehr wir aber in der äußeren Welt nach Erfüllung suchen, desto mehr verlieren wir den Kontakt zu uns selbst und zu den Empfindungen in unserem Körper."

Tarthang Tulku

WASSERFEST

EPILOG:

Nach dem langen Abend des vorgegaukelten Theaters - und sei es eine Tragödie gewesen, um die allgemeine Stimmung aufzufangen und zu verstärken, Theater war es dennoch , und Erlösung nicht ganz - endlich ein Strömen nach außen, und dort, in der Nacht, der lautlose Zug, angezogen von dem Sog, der von dem Gewässer in seinem unbekannten Bett dort unten ausgeht, hinunter in eine samten blauschwarze Nacht an einen im Dunkel schillernden Fluß. Je lautloser stöhnend und in der Verborgenheit enthüllt, desto stärker der Sog, von dem alle hoffen, daß er sie mitnehmen möge in eine ungewisse Zukunft, auf daß er ihnen das Glück bringe, dabei zu sein, heute, das ist jetzt um Mitternacht schon morgen, ist die glänzende Muschelbewegung von Öffnen und Schließen, Einsaugen, Ausstoßen . So gingen sie an den breiten Fluß, der in der Nacht sich ergoß und die Luft seltsam mit dem Salz der großen Meere und mit jener naßkalten Fäulnis erfüllte, die jedem Anfang und jedem Ende vorausgeht. Sie warteten darauf, übergesetzt zu werden an das andere Ufer, und waren nicht sicher, ob sie nicht schon angekommen waren an der Küste des Ozeans. Es gab dann kein Drüben mehr, nur Winter und Nacht irgendwo im Norden der Polarlichter -trans surf, so nannte sich der dérnier crie, dieser letzte Schrei der Mode, dieser letzte Schrei der Unterhaltung, dieser letzte Schrei überhaupt, ein Wellenreiten am Rande des Bermuda-Dreiecks, der Bequemlichkeit halber, und auch wegen der freundlicheren Temperaturen, und natürlich um des schon publikumswirksam eingeführten Mythos willen, spurlos verschwinden zu können....

Einladungskarten

Vorbereitung:
Die Festgäste werden gebeten, zwölf Tage vor dem Fest nur wärmende, energieaufbauende Nahrung zu sich zu nehmen und Hörmeditationen durchzuführen.

Setze Dich mit folgenden Fragen auseinander:
Hauptfrage: WIE?
Was macht mir Angst und wie empfinde ich Angst? Wie fühlt sich mein Körper bei Angst an? Bin ich oft depressiv: "Es ist alles so ohne Sinn und Hoffnung."? Bin ich oft wie gelähmt und willenlos, fühle ich mich oft ohnmächtig? Ist mir oft kalt? Habe ich Träume, in denen ich friere oder erfriere? Höre ich gut? Will ich alles hören oder mache ich mich dicht? Muß ich oft in der Nacht aufs Klo? Wie ist das mit dem Vertrauen? Gibt es einen Menschen, dem ich vertraue? Was halte ich von Hingabe?

Kleidungsvorschriften:
Die Festgäste werden gebeten, in symbolträchtiger, geheimnisvoller, dunkelblauer oder schwarzer Kleidung zu erscheinen.

SKANDALE:

Auch diesmal reiste der Außenminister Dreifach-Erwärmer durch das Land, um zu sehen, ob alle Vorbereitungen für das Fest getroffen wurden. Diesbezüglich gab es kaum Probleme, aber die Bevölkerung klagte über die fortschreitende Wasserverschmutzung und den immer tiefer sinkenden Grundwasserspiegel. Oft mußten sich die Menschen stundenlang bei einem der wenigen noch gebrauchsfähigen Brunnen um Wasser anstellen. Die Angst, bald kein Trinkwasser mehr zu haben, wurde immer größer und in vielen Gebieten wußten die Leute nicht mehr ein und aus. Der Außenminister notierte sich alles gewissenhaft und leitete den Bericht an den Hof weiter.

DAS FEST:
Das Fest fand dieses Mal im Norden des Reiches in einem Wasserschloß statt, das von unzähligen, um diese Jahreszeit zugefrorenen Flüssen umgeben war und deren eisige Decken das Licht der Sonne so stark wiederspiegelten, daß die anreisenden Gäste, geblendet vor dieser schier unerträglichen Helligkeit die Augen schlossen und sich nur mehr wie Blinde, auf ihren Gehörsinn vertrauend, über den kalten, knirschenden, unsicheren Grund vorwärtstasten konnten oder sich mit ihren Booten auf den wenigen noch nicht vereisten Wasserläufen zwischen den Eisschollen einen Weg suchten, indem sie sich von den dumpfen Geräuschen der an Eisstücke stoßenden Boote leiten ließen, doch je weiter sie sich vorwärtsmühten, umso ängstlicher und unsicherer wurden sie, gefährliche Stellen schienen immer unüberwindbarer zu werden und das Schloß, das schon in greifbarer Nähe lag, schien wie eine Fata Morgana immer unerreichbarer zu werden.

Erst am späten Nachmittag trafen sie nach und nach, mit vor Angst schlotternden Knien, erschöpft am Festort ein und wurden von Niere, dem Zeremonienmeister, der in ein dunkelblaues Satingewand gehüllt war, in den Festsaal geleitet, der den Eindruck eines lebendigen, unfaßbaren und überdimensionalen Untieres machte, dessen Pulsieren deutlich spürbar war. Musik schwebte wie Duftwolken durch den Raum und drang in jede Pore des Körpers ein, Wände und Boden schienen lebendig zu sein und erinnerten die Gäste an eine Welt, die sie nur allzugerne vergessen hätten, von der sie nichts hören wollten, denn sie ängstigte sie und weckte Erinnerungen an Situationen großer Furcht, heftiger Auseinandersetzungen und tiefer Demütigungen, sie weckte all die dumpfen, unbenennbaren Ängste, die bisher in ihrem Innersten geruht hatten und deren neuerliches Erleben sie erzittern ließ, ein Zittern, das sich mit eisiger Macht in das Körperinnere zog und die Wärme verdrängte, bis alles Lebendige erstarrte, alles, außer den Fratzen, die sich aus den Wänden gebildet hatten und nun hämisch lachten und sie verhöhnten, diese Fratzen und Spukwesen, die überall zu sein schienen und gemeinsam mit den Würmern und Käfern, Spinnen und Schlangen, die aus dem Boden entstanden waren, die Besucher so zupften und stupsten, bekrabbelten und zwickten, umkreisten und peinigten, daß sie versuchten, sich immer kleiner und kleiner zu machen und am liebsten ganz verschwunden wären; manche versuchten sich in eine Bewußtlosigkeit zu retten und sanken ohnmächtig zu Boden, andere kniffen verzweifelt die Augen zu und manche wollten flüchten, den Ort der Schatten und Ängste so rasch als möglich verlassen, doch kroch eine bleierne Lähmung durch all ihre Glieder, die ihnen die Kraft nahm, auch nur irgendeine Entscheidung zu treffen, einen Schritt zu tun und so sehr sie diese hoffnungslose Antriebslosigkeit auch peinigte, so gerne sie auch weit weg von diesem Grauen gewesen wären, sie blieben wo sie waren und mit ihnen die quälenden Geräusche, Wesen, Bilder und Ängste.

Da ertönte wie aus weiter, weiter Ferne ein kraftvolles, energisches Geräusch, das an das Zusammenklatschen zweier Hände erinnerte, es war noch ein zweites und ein drittes Mal vernehmbar und nachdem es verklungen war, begannen die Bilder lansam zu verblassen, die Geräusche wurden leiser und leiser, die Gäste hoben zaghaft ihre zusammengekniffenen Lider und konnten endlich wieder befreiter atmen, nachdem sie den Zeremonienmeister in der Mitte des Festsaales, der nun wieder in ein warmes, freundliches Licht getaucht war, stehen sahen. Unter seiner Anleitung setzten sie mit einer runden, fließenden Bewegung vorsichtig Fuß für Fuß auf den Boden, wobei sich ihr Körper harmonisch mitbewegte, was mehr einem Schweben als einem Gehen gleichkam, ein Dahinfließen, das langsam die Starre auflöste, den Atem das Körperinnere wieder umspülen ließ, Oberkörper und Arme wurden dabei leichter und leichter, die Ängste verschwanden und der Kopf wurde mit dem zunehmenden Verblassen der Bilder immer frischer und klarer, die Geräusche wurden leiser und veränderten sich, bis nur mehr leise Musik im Hintergrund zu hören war, die auf so manches Gesicht ein glückliches, friedliches Lächeln zauberte, das auch blieb, als sich ihre Bewegung unter der Anweisung des Zeremonienmeisters leicht veränderte und kurze Zeit den Eindruck eines sich regenden Kranichs vermittelte, sich aber bald in eine innere Bewegung umwandelte und die äußere zum Stillstand kommen ließ, bis einer nach dem anderen zu Boden sank und liegen blieb, um sich von den anstrengenden Erlebnissen zu erholen. Mit schlichten, schwarzen Gewändern gekleidete Helfer huschten fast lautlos durch den Festsaal und richteten das Festmahl auf schwarzblauen Tischen in schwarzen Gefäßen und auf dunklen Blättern an, damit sich die erschöpften Gäste daran laben konnten. Neben Shrimps- und Krabbensalaten und würzigen Käsen türmten sich Fischgerichte aus Aal, Barsch und Forellen, verfeinert mit kräftigen Gewürzen wie Chili, Ingwer und Knoblauch, bereichert mit Lauch, Zwiebel und Bohnen, Buchweizen und geröstetem Hafer, Paella mit Meeresfrüchten sowie Muscheln in Weißweinsauce, die allen am Meer wohnenden Gästen ein heimatliches Gefühl vermittelten, auf das sie mit trockenem Weißwein kräftig tranken; Lammfleisch mit Eßkastanien in Rotwein wärmte Herz und Nieren, ebenso Schnaps, Wodka, Cognak und Sake, Getränke, die mit dazu beitrugen, daß es ein freudiges, beschwingtes Schmausen und Schlemmen wurde, das jeder bis zur letzten köstlichen Nachspeise, herrlichen Desserts aus Beerenfrüchten, genoß und sich dann in satter Zufriedenheit zurücklehnte und auf Empfehlung des Zeremonienmeisters seine Nieren mit einem inneren Lächeln bedachte, dabei den Atem in den Bereich der Lendenwirbel lenkte und die Nieren mit einer gedachten blauschwarzen Farbe und mit dem alsbald durch den ganzen Raum schwingenden Ton "chuey" stärkte.

Während des Festmahls hatten einige Helfer eine riesige Spirale aus Salz in den Festsaal gelegt, die die Gäste, wohlgemerkt, einige erst nach langem, ängstlichen Zögern, nun nach Anweisungen des Zeremonienmeisters durch den im Osten gelegenen Eingang betraten und sich auf diesem gewundenen Weg auf das neue Jahr vorbereiteten, indem sie mit jedem Schritt innerlich von etwas Altem Abschied nahmen, unbrauchbar Gewordenes zerstörten und längst Überlebtes endlich sterben ließen, wobei so mancher immer wieder innehielt und umkehren wollte, doch sie befanden sich unentrinnbar im Sog der Spirale, die sie machtvoll zu der Mulde in der Mitte zog, wo sie erst ankamen, nachdem sie allen Ballast abgeworfen hatten und frei waren für eine innere Reise, die sie in der Mulde liegend erlebten, wobei manche weit reisten, manche nur einen kurzen Ausflug machten, aber wie auch immer, für alle war es ein unbeschreibliches, nicht in Worte faßbares Erlebnis, ein Traum, von dem sie erst wieder im Morgengrauen erwachten und sich, tief berührt von dem eben Erlebten, aus den vielfältigen Materialien Masken bauten, die ihre tiefen Empfindungen ausdrückten und die sie aufsetzten und einander zeigten. Als die Sonne aufging, bildeten sie kleine Gruppen

und ließen das Fest ausklingen, indem sich immer einer in die Mitte der Gruppe stellte und vertrauensvoll fallen und von vielen Händen behutsam auffangen, wiegen und sanft weiterschubsen ließ, die Körper schwebten und schaukelten von Hand zu Hand, es war ein nicht enden wollendes Aufnehmen und Abgeben, das Schwerelosigkeit und Geborgenheit vermittelte und viele behagliche Seufzer den Kehlen entlockte und das, wäre es nach den Gästen gegangen, noch unendlich lange gedauert hätte, wenn sie nicht der Zeremonienmeister mit sanfter Stimme aufgefordert hätte, die Bewegung langsam ausklingen zu lassen und das Fest offiziell für beendet erklärt hätte und ihnen zum Abschied wieder ein Päckchen mit drei speziellen Kräutern, die bei Zuständen, wie sie sie am Anfang des Festes erlebt hatten, halfen, mit lehrreichen buddhistischen und taoistischen Sprüchen, und einer Musikschachtel mit der Musik, die sie auf diesem Fest gehört hatten, mitgab. Einige machten sich sofort auf den Weg nach Hause, andere blieben noch an dem Festort und begaben sich erst später auf den Heimweg, und so, wie sich die Gäste nach und nach in alle Richtungen zerstreuten, löste sich auch der Festort langsam auf, bis es so war, als hätte er niemals existiert.

"Die Liebe zwischen den Geschlechtern
knüpft unauflöslich Bande.
Doch wenn das Leben vorüber ist,
können die Liebenden
einander nicht begleiten.
Wenn du jetzt die Hände los läßt,
steht dir nichts mehr im Wege,
Du steigst geradewegs auf zu den Stufen
aus Jade am Jaspisteich
im westlichen Himmelspalast."
(in: Meister)

Zur Kunst der Meditation gehört gar nicht viel, nichts weiter als die Lebensenergie zu reinigen und Dämonen auszumerzen.

"Das Bewußtsein ist der Meister der ganzen Person.
Es gibt nur eins und nicht zwei.
Wenn das doppelte Bewußtsein aufkommt,
nennt man das Denken.
Wenn das Denken erst einmal sprießt,
bringt es lauter leeres und phantastisches
Zeug hervor.
Das Bewußtsein hat nicht mehr die Oberhand,
die ganze Person versinkt in Verblendung.
Wie schwer ist Erlösung aus diesem Zustand!"
(in: Meister)

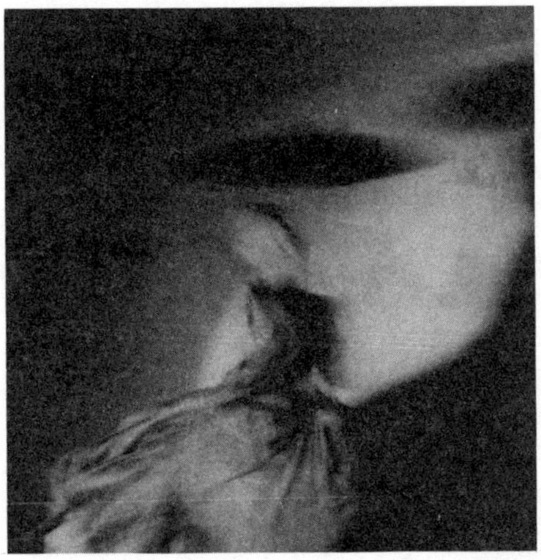

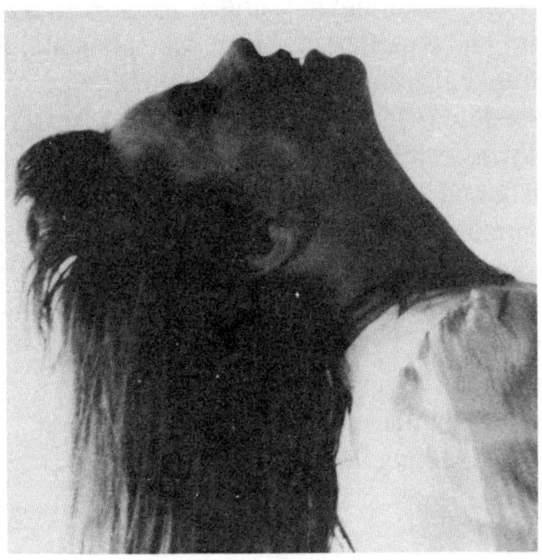

ANHANG

HOLZ

Zeit: Frühjahr
Ort: Wildnis, Zaubergarten, Labyrinth
Landschaft: wild wuchernd, zerklüftet, unzugänglich
Gebäude: Burg oder herrschaftliches Landschloß
Möbel und Geschirr, Ausstattung: rustikal, sportlich bis extrem
Beleuchtung: Spots oder Bühnenscheinwerfer
Personal: Zenmeister am Rande des Labyrinths, Stockkämpfer, wilde Trommler und Schlagzeuger, Zauberer, Gaukler, Magier und Irreführer
Kostüme: ausgeflippt kreativ, Abenteuer-Outfit, verspielt und einfallsreich
Farbe: grün und grünblau
Stoffe: strapazierfähige Stoffe, fetzige Patchworks
Gerüche: herb-sportliche Note, frisch, zitrusartig
Speisen: Keimlingsalat, grüner Salat, Kresse, Broccoli, Spinat, Selleriewurzeln, Champignons, Tofu, Seitan, Kalb- und Rindfleisch, Pizza, Mais, Polenta, Birnen...
Getränke: Pfefferminztee, Jasminblättertee, Weizenbier
Besondere Effekte: Stuntmen- Show, Moto Cross, Kampfdarbietungen, Hard Rock Konzerte, Bungeespringen, Wildwasserfahrten, Drachenfliegen
Musik und Tänze: Hard Rock, Pogo, Flamenco, monotones, schnelles Trommeln, Spring- und Schütteltänze, dynamische Meditation
Spiele und Übungen: Rütteln und Schütteln, Joggen, Dauerlauf, Hoch- und Weitspringen
Beschriebene Übungen: Stockkampf, Rütteln und Schütteln, Verzauberung -Starre
Organübung: Leber (süüüüü....)
Tierübung: Tiger
Hauptübung: Baumwachstum
Abschlußübung: Wippen, Schnippen

FEUER

Zeit: Sommer
Ort: freie Plätze in der Natur mit weitem Ausblick
Landschaft: trocken, relativ eben, Weite
Gebäude: aufwendig und reich geschmückte Festzelte Möbel und Geschirr
Ausstattung: viele Tücher und Vorhänge in arabischem Stil, Sitzpolster und Teppiche, niedere Tische, Kandelaber, Tierfelle, Räucherschalen, Spiegel, Kristallgläser, edles barockes Geschirr
Beleuchtung: Kerzen, Fackeln, Windlichter, Lichtblitze (Stroboskop und Glitzerkugeln)
Personal: im arabischen oder barocken Stil exquisit gekleidetes Servierpersonal, Feuerschlucker, Schlangenbeschwörer, Kurtisanen, Bauchtänzerinnen, Bajaderen und Badedienerinnen, Tempeltänzerinnen, Dakinis, Shiva und Shakti als Repräsentanten der männlichen und weiblichen Liebesgottheiten
Kostüme: wallende, fließende Gewänder, Überwürfe, darunter erotische Accessoires auf nackter Haut
Farbe: rot in allen Schattierungen
Stoffe: Samt und Seide
Gerüche: üppig und schwer
Speisen: Blattsalat, Chicoree, Endivien, Artischocken, Tomaten, gelbe Sojabohnen, Sojabohnensprossen, Spinat, Mangold, Zucchini, Austern, Reis, Grapefruits
Getränke: Campari, trockener Weißwein, Champagner, Guiness Bier, Weizenbier
Besondere Effekte: Feuerwerke, Spiegelkabinett, Drehbühnen, Karussell, Bacchanalien und Festgelage, phantasievoll und prächtig kostümierte Ballettgruppen, Strip-Shows, Bordellbetrieb, Vermittlungsinstitut, Bäder
Musik und Tänze: Walzer, Drehtänze, erotisch laszive Werbetänze, Schleiertänze, rhythmisch-ekstatische Tänze bis hin zum orgiastischen Höhepunkt, Hip Hop-Musik, Soul, Funk, freudvolle Schreittänze zum Ausklang
Spiele und Übungen: erotische Versteckspiele, endlose Märchen im Stil von Tausendundeine Nacht, Contact-Dance, Massage und Bäder
Beschriebene Übungen: Energy Dance - Spiegelkabinett, Stroboskop
Organübung: Herz (ho), Königinnen und Königs-Spiel, Herzenergieübung
Tierübung: Affe
Hauptübung: Drehtanz - Astralreise
Abschlußübung: Summ-Sing- und Lachkreis

ERDE

Zeit: Spätsommer
Ort: in einem Hochtal, in einer offenen Senke gelegen
Landschaft: saftig, reif, runde Landschaft, die ein Gefühl von Wärme und Heimat gibt; in der Nähe ein See
Gebäude: runder Pavillon, Steinkreis Möbel und Geschirr, Ausstattung: einfach und gemütlich, informell, Holzbänke, Biertische, Blumen- und Früchtearrangements, Erntedankaltäre
Beleuchtung: indirekt, Dämmerlicht, verdeckte Lampen und ganze Flächen und Wände als Lichtquelle (Lichtbalken am Boden)
Personal: Bedienungspersonal in der typischen Tracht des Landes, einheimische Musikkapellen, am Eingang ein Wächter, der das Loswort abverlangt, blumenstreuende Kinder, Naturgeister und Elfen, Kobolde,....etc.
Kostüme: einerseits traditionell, andrerseits phantasievoll im Stile von Midsummernights-Dream, Formen zwischen Mensch und Tier, ländlich elegante Austattung z.B. Strohhut, naiver Touch der Blumenkinder, helle, lange Sommerkleider, auch mittelalterliche und Renaissance-Kostüme der Marktszenen (Bocaccio)
Farbe: alle Schattierungen von gelb bis gold, satt, gedämpft
Stoffe: Leinen und Naturstoffe
Gerüche: blumig, pudrig, rund
Speisen: Rindfleisch mit Kartoffeln, Wurzelgemüse, Äpfeln und Rotwein, Kalbfleisch, gefüllte Teigtaschen, Gemüseaufläufe, gedämpfte und gedünstete, zum Teil mit Käse überbackene Gerichte aus Kürbis und Fenchel, Fischgerichte, Salate aus Wurzelgemüse und Fenchel, Walnüssen, Mais, Hirse, Pfirsich, Marillen, Kirschen, rote Trauben
Getränke: Met, trockener Rotwein, Schnaps, Kaffee mit Kardamom, Süßholztee, roter Ginsengtee
Besondere Effekte: kleine Geschenke, aufwendig und besonders verpackt, Überraschungen, einheimische Kostümgruppen, Marktgeschehen

Musik und Tänze: langsames und kontinuierliches Stampfen, Prozessionen, Wiegetänze, kreisförmige Volkstänze im Dreier-Rhythmus, Contre-Tänze, Squaredance.....etc.
Spiele und Übungen: Sackhüpfen, Hinkelkastenhüpfen, Wettbewerbe aller Art mit anschließender Preisverteilung im Sinne der new games, so daß alle beschenkt werden, Abzählreime, Bazars und Tombolas, Give Away
Beschriebene Übungen: Unendlichkeitsschleife und Trancetanz,
Organübung: Milz (huuu)
Tierübung: Bär
Hauptübung: Visionsreise- Verbündeter
Abschlußübung: Summen und Wiegen.

METALL

Zeit: Herbst
Ort: in einer Waldlichtung, in einem langgezogenen Tal
Landschaft: schattig, kühl, geheimnisvoll
Gebäude: langgezogene funktionale Bauten, z.B. Industriegebäude, Fabrikhallen, Flughallen, Museen Möbel und Geschirr,
Ausstattung: Art Deco, Bauhaus, postmodern, futorologische, technische, minimalistische - klare Formen
Beleuchtung: nackte Glühbirnen, Halogen-Leuchten, Laser-Strahlen
Personal: straighte, coole Butler, Roboter, High-Tech-Selbstbedienung, Richter, Henker, Kritiker, Schulmeister, Karmameister und der altägyptische Gott Toth, der die Werke der Verstorbenen aufschreibt und bemißt
Kostüme: unisex Weltraumanzüge aus hellem, weiß schimmerndem, zum Teil durchsichtigem Material, Science-Fiction-Accessoires, gradlinig, fast hart und symmetrisch geschnitten
Farbe: weiß, hell, glänzend aetherisch wirkend
Stoffe: Folien, Synthetics, Gaze und Crepe
Gerüche: intensiv bis beißend, reinigend
Speisen: Wild- und Pferdefleisch, gerösteter Reis, Hafer, Rettich und Spargel in Butter mit Sesam und süßen Mandeln und Muskat, Blumenkohl mit Walnüssen, Ingwer, Frühlingszwiebeln, Karotten und Meerrettichsalate, Sago mit Rotwein und Kirschsaft, Marillen, Rosinen und Walnüssen
Getränke: Ingwer- und Ginsengtees, Ginseng in Sake, Datteln in Rotwein, italienischer Kaffee
Besondere Effekte: Laser-Show, Cyber Punk, Light- and Sound Shows, Dias und Videos, diverse Medien, die auf verscheidenen Kanälen gleichzeitig laufen, künstliche Rauchentwicklung und Nebeleffekte, Guckkastenbühne, beweglicher Raum, Raumkonstruktionen, bei denen das Raumgefühl verändert wird
Musik und Tänze: minimal-music, musique concrete, Synthesizer, House Music, Acid Music, Techno dance, Robot dance, Tango, stark rustikalisierte höfische Tänze (Pavane, Menuett)
Spiele und Übungen: Biofeedback, Mindmachines, Körperkontakt durch kybernetische Steuerungsmodelle verlängert und vergrößert (Cyberpunk), durch holotropes Atmen in veränderte Bewußtseinszustände kommen, durch Ganzkörper- und Porenatmung ausgedehnte Körperwahrnehmung
Beschriebene Übungen: Trauer-Ritual, Schwertübung - Abschneiden, Trennen, sich abgrenzen
Organübung: Lunge (sssssss),
Tierübung: Hirsch, Ganzkörperatmung, freie Energiebewegung
Hauptübung: zurückgehen durch Raum und Zeit
Abschlußübung: alles löschen

WASSER

Zeit: Winter
Ort: Wasser- und Eislabyrinth
Landschaft: arktisch, kalt schimmernde Nordlandschaft, Moorgegenden, schwimmende Inseln, Sanddünen, Salzseen, Lagunen, Landschaften am Meer im Dämmerlicht
Gebäude: Eisstadion, Kurbäder, Wasserschloß, Iglu, Glaskonstruktionen, leerstehende Wasserspeicher Möbel und Geschirr, Ausstattung: schwarzes Porzellan im japanischen Stil, schlicht aber gediegen, meditativ bis asketisch, essentiell, gläserne Vasen mit Ikebana, karge Trockengestecke, Steinarrangements, Mosaike und Zengärten

Beleuchtung: Lichtreflektion im Wasser, beleuchtete Wasserspiele, Schwimmbäder mit Unterwasserbeleuchtung, Kristallüster
Personal: Badenixen, Wassergeister, Undinen, Mönche, Meisterinnen und Meister, geistige Mentoren, Orakelpriester und Wahrsagerinnen
Kostüme: Kutten und Roben, heilige, geheimnisvolle und symbolträchtige Gewänder von Eingeweihten, Zeremoniengewänder, Totengewand, Leichentuch
Farbe: dunkelblau bis schwarz
Stoffe: Satin, schwere, fließende Stoffe, Brokat
Gerüche: salzig, Meeresbrise, Weihrauch
Speisen: Shrimps- und Krabbensalat, würzige Käse, Aal, Barsch, Forellen, Lauch, Zwiebel, Bohnen, gerösteter Buchweizen, gerösteter Hafer, Paella, Muscheln in Weißweinsauce, Lammfleisch mit Eßkastanien in Rotwein, Beerenfrüchte
Getränke: trockener Weißwein, Schnaps, Wodka, Cognak, Sake
Besondere Effekte: Wasserspiele, Wasserspeier, gefrorener Wasserfall, Eishöhlen, große Kuppeln in Kirchen und Tempeln, Halleffekt, Geisterbahn und andere Gruseleffekte, Folterkammern, Apokalyptische Reiter, öffentliche Beichtstühle (moderne therapeutische Fassung: Hot seat)
Musik und Tänze: kontemplative Musik (mittelalterliche Gesänge, Gregorianische Choräle, Musik zu Liturgien und Zeremonien, weißes Rauschen, Sphärenklänge, Hallen, Gong und Cymbeln, feine Glöckchen und Klingeln, zeremonielles Schreiten und Wandeln, Bhuto- Tanz, Theater der Grausamkeit nach Antonin Artaud.
Spiele und Übungen: Initiationsriten, Mutproben, Prüfungen, Durchgänge, Retreat, rituelles Eingraben und Abschiednehmen, rituelle Rasur, Todesinszenierungen, Deprivationszustände (Samadhi Tank, Räume ohne Licht und Geräusche, Schlafentzug, Fasten)
Beschriebene Übung: Angstübung - Zittern, Floaten - Bhuto,
Organübung: Niere (chuey)
Tierübung: Kranich
Hauptübung: Spirale
Abschlußübung: Schaukel- und Schunkelkreis.

TIERE-QI-GONG

Im Laufe der Geschichte entwickelten sich verschiedene Schulen und Stile der Tier-Qi-Gong Übungen. Es gibt die traditionelle Tierzuordnung (Drache, Tiger, Schildkröte, Kuh und Fasan), die aus der Astrologie kommt, und die ursprüngliche Fünf-Tiere-Reihenfolge: Tiger, Hirsch, Bär, Kranich, Affe. Unsere Zuordnung ergibt sich aus der Atmosphäre der Feste und ihrer Aufgabe darin. Da wir bei den Tierübungen keine feste Form vorgegeben haben, sondern mehr die Qualität der Bewegung, ergibt sich unsere Reihenfolge. Der Tiger steht für Geschmeidigkeit, Sehkraft, Aufbruch; der Affe für Bewegung, Spiel und Spaß; der Bär für Mitte, Muskelkraft und Ausgeglichenheit; der Hirsch für Gelassenheit, Qi-Kraft und Qi-Atmung; der Kranich für innere Bewegung, Knochen und Ursprung.

Diese Reihenfolge und Zuordnungen beziehen sich auf diese Hauptmerkmale und ihre freie Form der Ausführung. Bei intensiver Auseinandersetzung mit dem Spiel der Tiere würden wir aber jedem raten, zuerst die feste Form zu erlernen (siehe Literatur).

NAHRUNGSMITTEL UND GERICHTE

(ohne Mengenangaben)

Die folgenden Nahrungsmittel und Gerichte sind für das ganz spezifische Krankheitsbild gegeben. Ausgangspunkt ist immer die "unerlöste" Emotion, die zu diesem einen Krankheitsbild führen kann; das heißt, daß in der alltäglichen Praxis eine bestimmte Emotion wie z.B. Frustration, auch zu einem ähnlich gelagerten pathologischen Fall führen kann. Der Einfachheit halber wurde aber nur ein Ausgangs-"Bild" genommen.

Für die Hilfestellung bei der Zusammenstellung möchten wir uns nochmals für die großzügige Hilfe von Claude Diolosa bedanken.

HOLZ

Bild: eingezwängtes Leber-Qi, Leberstau, ausgelöst durch Frustration, die sich in Zorn umwandelt
Nahrungsmittel sollen: auflösend wirken und Qi transportieren
Geschmack und thermische Wirkung: süß kühlend und scharf kühlend

Tee: Pfefferminze, Schafgarbe, Frauenmantel, Rosenblätter, Safranblätter und Jasminblätter
Salat: grüner Salat, Keimlingssalat, Kressesalat - alle mit Balsam-Essig und Olivenöl
Gemüse: weißer Rettich, Broccoli, Spinat, Selleriewurzel, Champignon
Fleisch oder Fisch: wenig Fleisch, stattdessen Seitan und Tofu; ansonsten wenig Kalb- und Rindfleisch
Gewürze: Basilikum, Oregano, Kräuter der Provence, Petersilie;
Achtung: zuviel Gewürze erhitzen und führen zu Verschlechterung
Getreide: Mais, Polenta
Obst: Birnen
Getränke: Weizenbier
Gerichte:
*) Selleriesuppe mit Broccoli und Spinat; dazu frisch gehackte Petersilienblätter und mit saurem Rahm abschmecken.
*) Tofugericht mit Basilikum und Oregano gedämpft; dazu Polentaschnitten.
*) Pizza mit Pilzen, Tomaten, Oregano, Kräuter der Provence, mild gewürzt.
*) Seitan in Mehl stauben und mild anbraten, ganz wenig Ingwer, Zwiebel, Tomaten; im Backofen weitergaren.
*) Birnenkompott mit Honig.

FEUER

Bild: Herz-Feuer, Bluthitze
Nahrungsmittel sollen: die Hitze ausleiten
Geschmack und thermische Wirkung: bitter, kalt
Tee: Hopfen, Passionsblume
Salat: Blattsalat, Chicoree, Endivien, Artischocken, Dressing mit Joghurt oder saurer Milch
Gemüse: weiches Gemüse, welches gedämpft werden kann z.B.: Tomaten, eingeweichte gelbe Sojabohnen, Sojabohnensprossen, Spinat, Mangold, Zucchini, etc.
Fleisch oder Fisch: kein Fleisch; Austern
Gewürze: Safran
Getreide: Langkornreis
Obst: Grapefruits
Getränke: Campari-Orange, trockener Weißwein, Champagner, Guiness-Bier, Weizenbier
Gerichte:
*) Austern mit Zitronensaft.
*) Suppe mit Tofu und Spinat, Eigelb hineinsprudeln.
*) Sesamcreme-Phönix Salat mit Blattsalatstämmen, Sesamcreme, etwas Sesamöl und Sojasauce.
*) Sojabohnensprossen leicht angebraten mit etwas Sesamöl und Sojasauce.
*) Joghurt-Dessert mit Obst
*) Fruchteis

ERDE

Bild: Milz-Qi-Schwäche, Feuchtigkeit
Nahrungsmittel sollen: die Mitte erwärmen und tonisieren, einer Stagnation entgegenwirken, das Qi der Mitte heben
Geschmack und thermische Wirkung: süß/neutral, warm und scharf/warm
Tee: Süßholz, roter Ginseng
Salat: Salate aus Wurzelgemüse, Fenchel; alle Salate mit Essigdressing und Olivenöl
Gemüse: Kürbis, Fenchel, Kartoffel, Wurzelgemüse, z.B. Karotten
Fleisch oder Fisch: Rindfleisch, Kalbfleisch
Gewürze: alle erwärmenden z.B.: Basilikum, Gelbwurz, Curry, Thymian, Rosmarin, Ingwer, etc.
Getreide: Mais, Hirse
Obst: Pfirsich, Marillen, Kirschen, rote Trauben
Getränke: Honigwein, trockener Rotwein, Schnaps, gekochter Kaffee mit Kardamon
Gerichte:
*) Salat mit roten Rüben und Walnüssen, abgeschmeckt mit Essig und Olivenöl, etwas Salz.
*) Rindfleischauflauf mit Kartoffeln, Zwiebeln, Äpfeln, mit Rotwein aufgegossen und Käse überbacken.
*) Lang im eigenen Saft und mit Gewürzen gedünsteter Gemüseauflauf.
*) Teigtaschen mit Rindfleisch und Ingwer gefüllt.

METALL

Bild: Lungen-Qi-Schwäche, Erkältungsanfälligkeit, Immunschwäche, Wei-Qi-Mangel
Nahrungsmittel sollen: das Lungen-Qi stärken durch Aufrechterhaltung der Mitte und des Magens (Erde)
Geschmack und thermische Wirkung: süß, scharf, neutral, erwärmend
Tee: frischer Ingwer, Rettichsamen, Senfsamen, Zimtstangen, Spitzwegerich, Huflattich, Ginseng, Süßholz
Salat: Karotten, Frühlingszwiebel, Meerrettich
Gemüse: weißer Rettich, Spargel, Blumenkohl
Fleisch oder Fisch: Tatar aus Pferdefleisch, Wild
Gewürze: scharf, pikant wie Zimt, frischer Ingwer, Pfeffer, Muskatnuß, etc.
Getreide: gerösteter Reis, Hafer
Obst: Marillen, Rosinen
Getränke: Ginseng in Sake angesetzt, Datteln in Rotwein, italienischer Kaffee;
extra: Nelkenzigaretten (z.B. Kretek) Käse: Hartkäse, evt. Schimmelkäse
Gerichte:
*) Salat mit Karotten, Frühlingszwiebel mit Weizenkeimöl und geröstete Walnüsse.
*) Blanchierter, weißer Rettich in Butter, mit Spargel, geröstetem Sesam und süßen Mandeln.
*) Gedünsteter Karfiol mit geraspelten Walnüssen, Mandeln, Korinthen und etwas Muskat.
*) Sago (oder Agar Agar) gekocht mit 1/3 Rotwein, 2/3 Kirschsaft, dazu Marillen, Rosinen und Walnüsse.

WASSER

Bild: Nieren-Qi-Leere
Nahrungsmittel sollen: das Nieren-Qi befestigen und das Nieren-Yang aufrecht erhalten; durch astringierenden Geschmack wird das Nieren-Qi befestigt
Geschmack und thermische Wirkung: süß, scharf und salzig, warm
Tee: Zimtrinde, Bockshornklee-Fenchelsamen, Nelken, getrockneter Ingwer
Salat: Shrimps, Krabbensalat
Gemüse: Lauch, Zwiebel, Bohnen, Eßkastanien
Fleisch oder Fisch: Aal, Barsch, Forelle, etc., Meeresfrüchte, Lammfleisch
Gewürze: Chili, Sambal, Sternanis, Ingwer, Knoblauch
Getreide: gerösteter Buchweizen, gerösteter Hafer
Obst: Beerenfrüchte
Getränke: starke alkoholische Getränke, z.B.: Schnaps, Wodka, Cognac, etc., trockener Weißwein
Käse: Schafkäse, Ziegenkäse, würzige Käse

Gerichte:
*) Französische Fischsuppe
*) Gebackener Aal mit Ingwer
*) Miesmuscheln mit Weißwein, Zwiebel, Nelken abschmecken und im Sud kurz köcheln.
*) Paella mit Meeresfrüchten
*) Lammfleisch in Rotwein gebeizt, mit Knoblauch und vielen scharfen Gewürzen gebraten; dazu Rundkornreis mit Eßkastanien.
*) Beerenfrüchte mit sauren Rahm, dazu Rotwein, mit Honig abschmecken.

ZUORDNUNGEN DER WANDLUNGSSTUFEN ZU SPEZIFISCHEN KRANKHEITSBILDERN UND DIE AUSWIRKUNGEN AUF DIE EMOTIONEN

Es gibt in der traditionellen chinesischen Medizin die sogenannten BA GANG, die acht Leitkriterien, um eine feine Diagnose zu erstellen. Wir verwenden für diese anschließende Gliederung nur die Begriffe Fülle und Leere, bzw. heiße und kalte Krankheiten, da eine vollständige Berücksichtigung aller acht Kriterien den Rahmen dieses Buches sprengen würde.

Die Auswirkungen auf die Emotionen sind sehr klar ersichtlich, wenn man sich hauptsächlich auf die Kriterien der Fülle- und Leerekrankheiten, beschränkt. Wir gehen von dem einfachen Satz aus, daß ein Ungleichgewicht Krankheit, bzw. Störungen in den Emotionen verursacht.

Leere-Erkrankungen:
Leerezustände können im Bereich von Qi, Blut, Yin und Yang auftreten. Prinzipiell geht einer Yangleere immer eine Qi-Leere voraus. Die Symptome bei Qi-Leere sind Müdigkeit und Abgeschlagenheit; bei Yang-Leere totale Abkühlung.

Fülle-Erkrankungen:
Füllezustände entstehen durch bioklimatische Einflüsse, Stagnation von Blut, Qi oder Nahrungsmitteln oder durch Stagnation von Schleim und Tan. Fülleerkrankungen sind immer akute Krankheitsabläufe, bei denen der Patient keinen Druck verträgt und die meistens mit Hitze verbunden sind.

DISHARMONIEN IN DEN YINORGANEN DER EINZELNEN ELEMENTE

HOLZ

Typische Krankheitsbilder zusammengefaßt: die meisten Leberdisharmonien haben mit Stagnation zu tun, die charakteristischerweise Fülleaspekte aufweisen.

1. Eingezwängtes Leber-Qi: Bei einem eingezwängten Leber-Qi kommt es hauptsächlich nach westlicher Diagnose zu Brustdrüsenentzündung, Lymphdrüsentuberkulose, nervösen emotionalen Erkrankungen und den verschiedensten Menstruationsproblemen. Das eingezwängte Leber-Qi ist hauptsächlich für Verdauungsprobleme zuständig, da es zu Milzdisharmonien führt. Dieses Muster nennt man "Die Leber greift die Milz an". Das führt zu Übelkeit, Erbrechen, saurem Aufstoßen, Bauchschmerzen und Durchfall.

2. Leberfeuer steigt auf: Dieses Hitzemuster erzeugt Kopfschmerzen, Schwindelgefühle, rote Augen, rotes Gesicht, trockenen Mund, Taubheit oder plötzliches Ohrensausen. Es können Reizbarkeit, wiederholtes Verärgertsein und Schlaflosigkeit auftreten. Nach der westlichen Medizin würde man auch von Bluthochdruck, Migräne, Blutungen im oberen Verdauungstrakt oder Wechseljahrbeschwerden sprechen.

Es gibt noch:
3. Mangelndes Leber-Yin
4. Leber-Yang steigt heftig auf
5. Leberwind bewegt sich im Inneren und
6. Mangelndes Leberblut.

FEUER

Herzdysharmonien teilen sich wieder in verschiedene Ebenen.

1. Mangelndes Herz-Yin: das bedeutet, daß zu wenig Blut oder Yin vorhanden ist, um das SHEN zu nähren. Symptome: Herzklopfen, Vergeßlichkeit, Schlaflosigkeit, exzessives Träumen, Schlafstörungen, Unfähigkeit zu klarer Kommunikation. Mangelndes Herz-Yin führt zu einer totalen Überfunktion, Herzfeuer - Vergleich: Auto fährt ohne Öl.

2. Mangelndes Herz-Yang, bzw. auch mangelndes Herz-Qi. Mangelndes Herz-Qi setzt sich aus den Zeichen für mangelndes Qi und herzspezifischen Zeichen wie Herzklopfen und verwirrtem Geist zusammen. Bei mangelndem Herz-Yang kann es so weit kommen, daß das Yang plötzlich zusammenbricht, was sich in starkem Schwitzen, extremer Kälte am ganzen Körper, violetten Lippen usw. ausdrückt. Mangelndes Herz-Qi und mangelndes Herz-Yang wirken sich immer auf das Lungen-Qi aus, auf Grund der Verbindung zum "Meer des Qi" in der Brust. Auch hier ist die Verbindung über den Kontrollzyklus: Mangel an Herzfeuer führt zu einer
Disharmonie im Metall, in der Lunge.

Weitere Herzdisharmonien:
3. gestautes Herzblut
4. kalter Schleim bzw. Schleimfeuer.

ERDE

Milzdisharmonien beruhen gewöhnlich auf einem Mangel an Milz-Qi, wodurch die Umwandlung von Nahrung in Qi und Blut gestört wird. Normaler Weise haben Milzdisharmonien mit zu viel Feuchtigkeit im Körper zu tun.

1. Mangelndes Milz-Qi und mangelndes Milz-Yang: mangelndes Milz-Qi zeigt sich in Appetitlosigkeit, Schwellungen, weichem Stuhl und Qi-Mangelzeichen wie Teilnahmslosigkeit. Westliche Medizin: Magen- und Zwölfingerdarmgeschwür, akute Verdauungsstörung, Hepatitis, Ruhr, Anämie. Mangelndes Milz-Yang ist eine tiefere Krankheit, Anschein von Kälte, kalte Extremitäten, wässriger Stuhl mit unverdauter Nahrung, Schwellung des Bauches und Bauchschmerzen. Mangelndes Milz-Yang kann den gesamten Wassertransport im Körper beeinträchtigen. Die westliche Medizin spricht von Magen- oder Zwölffingerdarmgeschwür, Gastritis, Darmentzündung.
2. Sinkendes Milz-Qi: es wird auch als Zusammenbruch des mittleren Erwärmers bezeichnet. Typisch sind Hämorrhoiden, extremer chronischer Durchfall.

3. Feuchtigkeit bedrückt die Milz
4. Feuchte Hitze sammelt sich in der Milz
   All diese Mangelmuster beeinflussen wieder über den Kontrollzyklus die Nieren, schädigen bzw. schwächen sie und bringen sie aus dem Gleichgewicht.

METALL

Die Lunge ist zuständig für das Qi, sie wird auch als Meister des Qi bezeichnet. Sie ist sowohl für das Zerstreuen des Qi im Körper als auch für die Regulierung des Wasserhaushaltes zuständig. Lungendisharmonien haben häufig mit mangelndem Yin zu tun.

1. Kälte bricht in die Lunge ein: das zeigt sich in leichtem Fieber, Frösteln, Kopf- und Leibschmerzen, fehlendem Schwitzen, verstopfter Nase, Asthma, Husten mit dünnem, wässrigen Auswurf. In der westliche Medizin wird es als chronische oder akute Bronchitis, Bronchialasthma oder Lungenemphysem diagnostiziert.

2. Hitze schadet der Lunge: die Symptome sind Fieber, leichtes Frösteln, Schwitzen, Durst, Verstopfung, dunkler Urin, entzündeter, geschwollener Hals, Husten mit gelbem, klebrigem Auswurf. Westliche Medizin: Erkältung, akute oder chronische Bronchitis, Lungenentzündung, Mandelentzündung oder Lungenabszeß.

3. Feuchter Schleim
4. Mangelndes Lungen-Yin: Zeichen dafür sind trockener Husten ohne Auswurf; allgemeine Zeichen: leise Stimme, rote Wangen, Fieber am Nachmittag, Nachtschweiß. In der westlichen Medizin entspricht das einer Lungentuberkulose, chronischem Rachenkatarrh , chronischer Bronchitis.

5. Mangelndes Lungen-Qi: das Qi ist geschädigt, erschöpfte Erscheinung, erschöpftes SHEN, leise Stimme, Traurigkeit, Kummer, Wortkargheit, schwache Atmung, schwacher Husten, Schweißausbrüche tagsüber, verminderte Widerstandskraft. Westliche Medizin: Lungenemphysem, chronische Bronchitis, Lungentuberkulose oder Allergie.

Auch hier wieder die Verbindung über den Kontrollzyklus zur Leber. Mangel im Qi beeinträchtigt die Leber und kann auch zu Blutstagnation und Qi-Stagnation führen.

WASSER

Die Nieren speichern das Jing oder die Essenz. Normalerweise haben Nierendisharmonien mit einem Mangel zu tun und treten immer in Zusammenhang mit Disharmonien anderer Organe auf.

1. Mangelndes Nieren-Yang (Nieren-Qi): Das zeigt sich durch Kälteempfinden, kalte Extremitäten, Abneigung gegen Kälte, stilles Verhalten, Willenslähmung oder ein demoralisiertes, hoffnungsloses Gefühl, Angst. Mangelndes Nieren-Yang tritt oft zusammen mit mangelndem Milz-Yang oder mangelndem Lungen-Qi auf. Die Zuordnungen in der westlichen Medizin sind chronische Nierenentzündung, Lumbago, sexuelle Dysfunktionen, Prostataerkrankungen, Rheumaerkrankungen, depressive Neurosen.

2. Mangelndes Nieren-Yin: Das ist ein Zustand des “leeren Feuers”. Zeichen dafür sind dünnes, verschrumpeltes Aussehen, trockener Hals, heiße Handflächen und Fußsohlen, rote Wangen, Nachtschweiß, aufzehrende Selbstkritik, Ohrenklingen, schwacher, empfindlicher Rücken. Es zeigt sich oft im Zusammenhang mit mangelndem Herz- Leber- oder Lungen-Yin. Westliche Medizin: Bluthochdruck, Hexenschuß, chronische Ohrenkrankheiten, Schilddrüsenüberfunktion, Menstruationsprobleme, Tuberkulose.
3. Mangelndes Nieren-Jing: Das bedeutet die Reduzierung von Yin und Yang im Körper. Es zeigt sich durch vorzeitiges Altern, schlechte Zähne, schwaches Gedächtnis. Auch hier ist wieder die Verbindung über den Kontrollzyklus: mangelndes Nieren-Qi, also ein Leerezustand, führt zu einer Überfunktion, einer Fülle im Herz und dort zu einem Ungleichgewicht.

BIBLIOGRAPHIE:

Besser, Siegmund: Coach yourself. Econ Verlag. 1992.

Blofeld, John: Das Geheime und Erhabene. Goldmann Verlag. 1986.
ders.: Taoismus. Diederichs Verlag. 3/1990.

Cleary, Thomas: Das Tao der Politik. O.W. Barth Verlag. 1990.

Endres, Günther (Hrsg.): Die sieben Meister des wunderbaren Tao. O.W.Barth Verlag 1990. (bei Sprüchen aus diesem Buch steht der Vermerk "Meister" -das Ch'in-chen chuan ist eine taoistische Geschichtensammlung aus der Ch'ing Dynastie).

Flaws/Wolfe: Das Yin und Yang der Ernährung. O.W.Barth Verlag 1992.

Guorui, Jiao: Qigong Yangsheng. Gesundheitsfördernde Übungen der TCM. ML-Verlag 2/1988.
ders.: Das Spiel der fünf Tiere. ML-Verlag 1992.

Granet, Marcel: Das Chinesische Denken. Suhrkamp. 1985.

Hayward, Jeremy: Die Erforschung der Innenwelt. Scherz Verlag. 1990.

Hoffman, Kaye: Heilsame Erschütterungen. Anarche Verlag. 2/1992.
dies.: Vison dance. Bruno Martin Verlag. 1992.

Jensen, A.: Mythos und Kult. dtv. 1992.

Kaptchuk, Ted: Das große Buch der chinesischen Medizin. O.W.Barth Verlag. 1988.

Lu, Henry: Chineses system of food cures. Sterling Publishing. 1986.

Redl/Hoffman: Tao Tanz. Anarche Verlag. 2/1992.

Schnorrenberger, Claus: Lehrbuch der chinesischen Medizin. Hyppokrates Verlag. 1985.

Simon, Fritz: Mein Fahrrad, meine Psychose und ich - Zur Selbstorganisation der Verrücktheit. Carl Auer Verlag. 1990.

Tarthang Tulku: Selbstheilung durch Entspannung. Heyne Verlag. 1988.

Temelie, Barbara: Ernährung nach den fünf Elementen. Joy Verlag. 1992.

Varela/Thompson: Der mittlere Weg der Erkenntnis. Scherz Verlag. 1992.

Wagner, Johanna: Die, die so aussehen wie jemand, aber möglicherweise was ganz anderes sind. Aus der Praxis afrikanischer Medizinmänner. Clemens Zierling Verlag. 1990.

Wang Bing-Chi, Nei Jing: Der innere Klassiker des gelben Kaisers. o.O., o.J

Watts, Allan: Der Lauf des Wassers. O.W.Barth Verlag. 1977.

Informationen über das TAO-Projekt und unsere Arbeit:

TAI-CHI-VEREIN SHAMBHALA
Josefstädterstr. 5
A-1080 Wien
Tel.: (0)222 / 4084786

oder bei Kaye Hoffmann
Freischützstr. 110/803
D-8000 München 81
Tel.: (0) 89 / 952336

Das Tao des Feierns ist in zweifacher Ausführung erschienen – mit und ohne CD. Die CD mit Musik von Julian Horky kann gesondert bestellt werden, entweder im Buchhandel oder direkt bei:

Julian Horky
Concert & Music Production
Stutterheimstr. 4/23
A-1150 Wien

ROBERT JULIAN HORKY, Flötist, Komponist, geboren 1952, ausgebildet auf den besten Musikhochschulen Wiens. Er ist auch Astrologe, begeisterter Musikelektroniker, Perfektionist und er liebt Märchen. Julians Musik ist eine Verbindung von phantastischer und realistischer Kunst. Seine spezielle Fähigkeit ist es, im Zuhörer heilsame Energieströme wachzurufen, weshalb seine Musik für festliche Riten besonders geeignet ist.

Bisher erschienen:
CD/MC "Narayama", CD/MC "Voyager", MC "The Secret Power of Tai Chi", CD/MC "Ios", LP/MC "Tales of power", CD/MC "Apolys", LP/MC "Julian Dream", LP/MC "Journey of Ixtlan", MC "Trance Formations 1", MC "Musik zur Meditation".

Bücher aus den Kolibri-Serien
Körper, Geist und Seele / Ton, Tanz und Trance

Dr. Christa Proksch/
Foen Tjoeng Lie

Yang-Stil-Tai-Ji-Quan
Übungsbuch

Aus dem Inhalt
- Geschichte des Yang-Stil-Tai-Ji-Quan
- Einführung in das Wesentliche beim Lernen und Üben von Tai-Ji-Quan (Körperhaltung, Bewegungsart, Atmung, etc.)
- zwei Artikel von Altmeister YANG CHENG-FU mit Anmerkungen der Autoren
- Erfahrungen und Probleme der Didaktik und transkulturellen Übertragung

erstmalig in deutscher Sprache:
- die detaillierte Darstellung der gesamten Sequenzen der traditionellen YANG-Form nach Altmeister YANG CHENG-FU mit vielen Fotos und Schrittdiagrammen der einzelnen Sequenzen
- graphische Zusammenfassung der gesamten Folge
- die gesamte Folge als Wandtafel (Zeichnungen von Altmeister YANG CHENG-FU)

ISBN 3-928288-00-8
46,80 DM

Barbara und Klaus Moegling

TAIJI ZU ZWEIT
Partnerübungen des Taijiquan

Mit diesem Buch liegt erstmals in deutscher Sprache ein Werk vor, das sich ausschließlich den Partnerübungen des Taijiquan widmet.
Die Autoren beschreiben den Sinn und die Prinzipien der Partnerformen, wobei der Schwerpunkt auf der Entwicklung der eigenen Persönlichkeit liegt und weniger auf dem Selbstverteidigungsaspekt.
Neben den traditionellen Formen
- Tuishou (Schiebende Hände)
- Dalü (Großes Ziehen)
- Sanshou (Sich aus des Gegners Griff befreien) werden auch viele spielerische Übungen vorgestellt, die einen leichteren Zugang zu den traditionellen Übungen bieten.

Das Buch ist für Taiji-Übende geeignet, die sich erstmals für die Partner-Formen interessieren. Eine gewisse Vorerfahrung in den Solo-Formen des Taijiquan ist allerdings unerläßlich!

ISBN 3-928288-03-2
24,80 DM

Michael Reimann

Unendlicher Klang
Obertöne in Stimme und Instrument

Dieses mit fundiertem Wissen geschriebene Buch bietet sowohl einen Überblick über Geschichte, Tradition und Entwicklung des Obertongesangs und der Obertonmusik als auch die Möglichkeit, den Obertongesang zu erlernen. Es ist geeignet für autodidaktische Studien wie auch zur Unterstützung eines geleiteten Unterrichts in der Kunst des Obertonsingens.

Aus dem Inhalt
- Entdeckung und Weg der Obertöne
- Om als Obertonerlebnis
- Stimme und Meditation
- Übungen zum bewußten Wahrnehmen
- Obertonreiche Instrumente
- Philosophisches u.v.m.

Michael Reimann, einer der profiliertesten Kenner der Obertöne, legt sein Wissen in diesem Buch dar.

ISBN 3-928288-04-0
24,80 DM

erhältlich in allen Buchhandlungen oder direkt bei:

ÖSTERREICH
Mandala-Esoterik GmbH
Innsbrucker Str. 7
6094 Axams
Tel.: 05234/7957
Fax: 05234/7956

SCHWEIZ
Neue Bücher AG
Gotthardstr. 49
8027 Zürich
Tel.: 01/2027474
Fax: 01/2025501

DEUTSCHLAND
EDIS GmbH
Daimlerstr. 5
8029 Sauerlach
Tel.: 08104/1021 und 9091
Fax: 08104/7046

und natürlich auch bei uns:

KOLIBRI VERLAGS GMBH
Postfach 2149
D-2000 Norderstedt
Tel.: 040/5245005